Por favor sea feliz en pareja

SERGIO HERNÁNDEZ VALDÉS

SÉLECTOR
ACTUALIDAD EDITORIAL

Por favor sea feliz en pareja
© Sergio Hernández Valdés

© Amelia Guevara G./Amazing Design Studio, diseño de portada
© iStock, imagen de portada

SELECTOR
ACTUALIDAD EDITORIAL

D.R. © Selector S.A. de C.V. 2016
Doctor Erazo 120, Col. Doctores,
C.P. 06720, México D.F.

ISBN: 978-607-453-402-3
Primera edición en este formato: agosto 2016

Impreso en México
Printed in Mexico

Índice

*J*uan tiene diez años de casado con María. Han procreado dos hijos porque son de la generación a la que le dijeron que "la familia pequeña vive mejor". Juan está cansado de trabajar todo el día, todos los días, y cuando llega a su casa ya no ve a María como la veía antes. María, por su parte, está cansada del quehacer de la casa, de cuidar a los niños y tampoco ve a Juan como lo veía hace algunos años. Y cada quien, por su lado y sin confesarlo, se hace la misma pregunta: "¿Qué me está pasando, es que ya no lo(a) quiero como antes?"

Esta pregunta la escuchamos muy seguido entre amigos y parientes y tal vez nosotros mismos nos la hemos planteado más de alguna vez respecto a nuestra propia pareja. Ante esta situación, seguramente hemos escuchado comentarios de resignación ("a nuestra edad qué podemos hacer") o desaliento ("más vale solo que mal acompañado"). Y de acuerdo con las características del relato, o como se dice, "de acuerdo con cómo nos haya ido en la feria", tendremos que reconocer en ambos casos que nuestros interlocutores pudieran tener la razón. Aunque a final de cuentas tenemos que acabar aceptando que "nunca falta un roto para un descosido".

Como sea, hablar de nuestra propia pareja, o de la del otro, siempre será un buen tema de conversación... y de lectura.

Te invito a que me acompañes en este viaje por los enredosos caminos del amor. No te arrepentirás. Lo único que puedes perder es el miedo a dejarte amar.

LA ELECCIÓN
DE PAREJA

Haciendo un poco de historia

Fue durante la adolescencia cuando nos comenzamos a plantear en serio el asunto de tener una pareja. Seguramente durante la primaria llegamos a pensar en tener una novia, a declararnos a la compañera de banca o a la niña de sexto. Muchas veces nos hicieron burla sobre este asunto y fue motivo, más de una vez, de pleito o resentimiento con nuestro mejor amigo. Ya desde niños hablamos del asunto y veíamos con ojos de admiración y de respeto a los chavos de preparatoria quienes andaban de novios, se tomaban de la mano y hasta se daban besos en la boca. Se nos quemaban las habas para ser grandes y tener una novia, ¡pero en serio!

Resulta que cuando pasamos a secundaria, en plena adolescencia, aquella gran ilusión de galanes románticos se transformó en miedo y vergüenza. Cuando veíamos que la cosa iba en serio y que la chava que nos gustaba empezaba a haceos caso, inventamos mil pretextos para no acercamos. Es más, ni siquiera podíamos voltear a verla porque se nos iba a notar "y qué iba a decir".

Fue así como dejamos pasar muchas oportunidades de las que ni cuenta nos dimos, a pesar de que no faltó la amiga y confidente que nos animaba con el clásico "mira que sí le gustas", "fíjate que a Arturo ya no le hace caso" y el "ándale, lo peor que puede pasar es que te diga que no". Palabras sabias de compañera que en el fondo de su corazón esperaba el momento en que nos diéramos cuenta que sus consejos y camaradería no eran del todo desinteresados. ¡También le gustábamos a ella y nosotros «ni en cuenta"!

En fin, fueron varios años en los que efectivamente el miedo al rechazo era lo que nos impedía expresar nuestras nobles intenciones. Esa remota, pero para nosotros siempre presente posibilidad del *no* —ya fuera rotundo, discreto o falso— fue lo que en muchas ocasiones nos impidió declarar nuestro amor a esa chica que el destino había puesto en nuestro camino para hacemos felices el resto de nuestra vida.

De esta manera transcurrieron algunos años, para algunos más que para otros, dejando pasar hermosas oportunidades, hasta que finalmente... ¡¡¡formalizamos nuestro primer noviazgo!!! Todo lo que habíamos soñado se había hecho realidad. Nuestras largas noches de insomnio y desesperación habían quedado atrás y al fin podíamos mostrar con orgullo a nuestra novia. Empezamos a ser respetados en la escuela y pasamos a ser del grupo de los afortunados. Definitivamente esta situación cambió nuestra vida: habíamos dejado de ser niños, habíamos dejado de ser hijos de mamita y habíamos cortado el cordón umbilical. Empezábamos a ser hombres o mujeres, según sea el caso.

A la mayoría nos llegó este momento durante la adolescencia (temprana, mediana o tardíamente), justo en el momento en que nuestro cuerpo experimentaba cambios importantes y cuando nuestro propio desarrollo nos llevaba a alejaos poco a poco de papá y de mamá.

Esos momentos estuvieron llenos de intensas emociones. Seguramente todos recordamos a nuestra primera novia (o novio), nuestro primer beso y nuestros primeros y torpes movimientos en busca del otro.

Para algunos, la primera novia fue sólo el inicio de una larga lista de amores fugaces con los que aprendimos a conoceos y a experimentar nuevas e insospechadas emociones. Para otros, pocas experiencias fueron necesarias para descubrir a la pareja definitiva. Para los menos, la primera novia fue la afortunada (¿o desafortunada?) que vestida de blanco entró al templo a jurar amor y fidelidad "hasta que la muerte nos separe". Pero cualquiera que haya sido el caso, llegado el momento de formalizar nuestra relación, todos (o casi todos, para no equivocarnos) lo hicimos —o lo haremos— estando realmente enamorados.

EN SÍNTESIS

Cuando elegimos a nuestra primera pareja ya habíamos experimentado una gran cantidad de sentimientos encontrados y fue el primer paso para constituirnos como personas, con una identidad propia, diferente a la de nuestros padres.

Enfrentándonos a nosotros mismos

*E*n el proceso de elección de pareja intervienen muchos factores, siendo, desde luego el más importante, el dotarnos de una identidad propia. Precisamente el principal reto de la adolescencia consiste en separarnos de la tutela y autoridad de nuestros padres, para hacernos responsables de nosotros mismos y de nuestros actos. Para lograr esto es necesario que desarrollemos la capacidad de relacionarnos con otras personas, fuera del ámbito familiar.

Este proceso es complejo y rara vez somos conscientes de lo que nos ocurre. Por un lado sentimos la necesidad de estar fuera de casa, pero al mismo tiempo nos vemos necesitados de la protección familiar al sentirnos amenazados por el mundo exterior. Luchamos en nuestro interior con dos corrientes opuestas: a veces le hacemos caso a una y defendemos nuestro derecho a salir y ser independientes, y otras veces nos gana la inseguridad y refugiarnos en el mundo seguro y apapachador que representa nuestra familia.

Esto es la adolescencia. Una lucha constante por crecer y ser independiente. Y es precisamente en este contexto que se dan nuestros primeros intentos por tener una pareja. Lo difícil de esto es que se trata, por primera vez, de expresar nuestros sentimientos a una persona diferente, en quien normalmente hemos depositado nuestro afecto. Es decir, por primera vez tenemos que arriesgarnos a manifestar nuestros sentimientos (de cariño, ternura, amor, deseo o pasión) a una persona distinta de nuestros abuelos, papás, tíos o hermanos.

Cuando logramos llegar a este punto, cuando superamos nuestros temores y podemos decir las palabras mágicas: "Me gustas. ¿Quieres ser mi novio(a)?" O aceptamos un ofrecimiento de esta naturaleza, estamos ante un gran acontecimiento de nuestra vida. Estamos ante el hecho de reconocer que podemos dar (o aceptar) un sentimiento que hasta entonces estaba reservado al ámbito familiar. Esto es base para la separación de nuestros padres, y es lo que diferencia a las generaciones. Es, en pocas palabras, la clave que propicia el desarrollo social y cultural de las sociedades.

Esta situación tan importante se da independientemente de la respuesta que nos dé la persona a la que van dirigidos nuestros sentimientos. Es decir, el hecho de manifestar nuestro deseo es lo que vale para darnos fuerza como individuos, no importa que una negativa nos duela o nos haga sentir tristeza. Lo importante es animarnos a expresar a la otra persona lo que sentimos, de la manera más clara posible. Seguramente nos dolerá un no rotundo, pero ese dolor que sentimos siempre será poca cosa comparada con la insatisfacción que experimentaríamos si nunca expresáramos con palabras lo que sentimos. Las películas están llenas de historias de este tipo. Gente que al final de su vida sigue añorando al amor de su juventud, que no se perdona haber sido tan cobarde de no enfrentarse con sus propios temores y expresar libremente sus sentimientos. En estas circunstancias tiene gran significado la siguiente frase: "de lo que realmente alguien puede arrepentirse es de lo que se ha dejado de hacer y no de lo que se ha hecho".

EN SÍNTESIS

Cuando en la adolescencia llegamos a establecer una o varias relaciones de noviazgo, en realidad estamos ejerciendo un derecho a ser nosotros mismos y al mismo tiempo estamos demostrando que tenemos la capacidad para enfrentar nuestras propias inseguridades y expresar nuestros afectos a otras personas fuera del núcleo familiar.

PERO, ¿QUÉ LE VES?

*C*uando estamos enamorados, todos los defectos que los otros encuentran en nuestra pareja, para nosotros son virtudes, o simplemente no los vemos. Y desde luego no faltan los familiares o amigos de confianza que sinceramente llegan a preguntarnos: pero, ¿qué le ves? Y a nosotros nos indigna: "es que no se dan cuenta de lo bonita que es, y lo tierna, y lo buena onda. No se pudo conseguir algo mejor."

Entonces tenemos que preguntaos por qué lo que para uno es bastante claro, otro no puede verlo. La explicación es muy sencilla: el amor es algo personal, que tiene que ver con la historia de dos personas. Veamos lo que quiere decir esto.

Al llegar a la vida adulta, o arribar a la adolescencia (hay que recordar que muchas parejas se formalizan siendo aun adolescentes) todos cargamos con una historia personal, que se fue construyendo desde el momento mismo de nuestro nacimiento, incluso desde nuestra concepción. Y estas historias, en todos los casos, son diferentes, aún entre hermanos e incluso entre gemelos. Lo que ocurrió durante los primeros años de vida nos fue influyendo de diferentes maneras y la forma como interiorizamos lo que nos ocurrió también tiene características propias. Es muy común ver entre hermanos cómo, a pesar de que han vivido muchas cosas semejantes, su opinión respecto a ellas es diametralmente distinta.

Esta historia personal se va tejiendo con situaciones de todo tipo, algunas sumamente agradables y otras no tanto, muchas de las cuales recordamos y otras simplemente van quedando en el olvido. Pero todas estas situaciones influyen para formar lo que nos hace únicos y diferentes a los otros, y lo que es lo mismo, todo esto influye para formar nuestra personalidad.

Son precisamente los elementos que forman nuestra personalidad, es lo que nos hace ver de manera tan especial a otra persona, lo que hace tan singular nuestra manera de enamorarnos. Y es lo que explica el porqué unos vemos en el otro características que otros simplemente no ven. Esto es precisamente lo que hace único al amor.

Veamos, en el caso de Andrea y Mario, la manera como influye la propia historia personal al momento de elegir pareja.

Andrea nació en una familia de clase media y fue la más chica de cuatro hermanas. Recuerda sus primeros años de vida teniendo siempre la protección y cuidado de su madre, quien siempre estaba en casa atendiendo los quehaceres domésticos y al pendiente de que no le faltara nada a ella ni a sus hermanas, quienes asistían a colegios de paga. Su padre casi nunca estaba en casa, pues tenía que salir frecuentemente de la ciudad por razones de su trabajo, pero siempre se aseguraba de dar puntualmente el dinero necesario para cubrir todas las necesidades materiales de la familia. Sin embargo, cuando Andrea tenía ocho años todo cambió. Precisamente en uno de esos viajes de trabajo, el camión en el que viajaba su padre se volcó y pasó medio año hospitalizado hasta que finalmente perdió la vida a pesar de todos los esfuerzos que médicos y familiares hicieron para salvarlo. Fueron momentos difíciles que la madre recuerda con mucho dolor, pues desde entonces nada fue igual. Ella tuvo que trabajar y las niñas tuvieron que entrar a escuelas oficiales, creciendo más al cuidado de su tía, hermana mayor de su madre, y de su abuela. Pronto las hermanas mayores de Andrea se casaron y ella siguió viviendo su adolescencia entre mujeres. Después de varios noviazgos fugaces, finalmente conoció a Mario y quedó perdidamente enamorada de él.

Mario es el mayor de una familia más o menos bien acomodada, no de las más ricas de la ciudad, pero digamos que nunca le ha faltado nada. Tiene dos hermanos y dos hermanas con los que convivió siendo siempre como "el hermano mayor". Los hermanos varones lo miraron con respeto y cierto temor, pues tenía su propia recámara con sus cosas que cuidaba celosamente. Las hermanas, a pesar de su inconformidad, siempre estaban para atenderlo, de acuerdo con las instrucciones de la madre, para quien Mario era el hijo preferido. Siempre fue de los mejores estudiantes, de tal suerte que cuando terminó la preparatoria, su padre lo mandó a estudiar a una de las mejores universidades de la capital, no sin antes advertirle que al terminar debería regresar a ayudarle a administrar el próspero negocio de la familia. Así ocurrió, y fue precisamente en ese tiempo cuando Andrea y Mario se conocieron.

A la postre Andrea había cursado una carrera comercial y se preocupaba por superarse, por lo que estaba estudiando, con mucho esfuerzo de su parte, un curso de inglés en una academia especializada, en donde Mario era el apuesto maestro, administrador e hijo del dueño.

De esta manera, las historias personales habían tejido ya las condiciones necesarias para que cuando Andrea y Mario se conocieron, se encendiera esa chispa de emoción y entusiasmo que uno siente cuando encuentra a la persona esperada.

Y así fue. Andrea vio en Mario, seis años mayor que ella, a una persona formal, de buena posición, que rápidamente le inspiró seguridad y protección, lo que le había faltado desde que era niña, a la muerte de su padre. Además, era un hombre emprendedor y desde un principio supo que con él podría construirse un mundo sin limitaciones, como ella misma se lo había propuesto.

Por su parte, Mario encontró en Andrea a una mujer joven y bella, con una chispa de creatividad e inteligencia que no ocultaba su ternura y sentido maternal. También le cautivó su deseo de superación y el ingenio y cierta seguridad que suelen tener las hijas menores.

Fue así que surgió el noviazgo y pronto empezaron a compartir sus planes de superación y crecimiento individual. Mario siguió administrando el cada vez más próspero negocio familiar y Andrea consiguió una beca para ingresar a una universidad particular a estudiar abogacía. Uno y otro se convencían, cada vez más, de haber encontrado a la pareja ideal, así que comenzaron a hacer planes para la boda.

Aparentemente todo iba bien, hasta que Mario anunció los planes a su familia. Nunca se lo habían dicho claramente, por respeto y temor a que se molestara, pero la verdad es que desde un principio sus papás no aceptaban el noviazgo de su hijo. "Pero, ¿qué le ves a esa muchacha?", comenzó diciéndole su padre una vez que se enteró de los planes de boda. Mario entonces se enteró que su familia y varios de los amigos más cercanos veían en Andrea a una muchacha que había enredado a Mario para subir de posición social y que desde luego su origen familiar y su preparación no estaban a la altura de las de Mario. Con enfado, se enteró también que su mamá deseaba que su hijo preferido escogiera a Rocío, su pretendiente de toda la vida, hija mayor de sus compadres con quienes compartían la misma posición social. Era la misma opinión que había escuchado de algunos de sus amigos y compañeros de trabajo.

Desde luego, Mario no hizo caso de estos comentarios. Los planes siguieron adelante y aun tuvieron que adelantarlos un poco por la noticia sorpresiva, pero bien recibida, de que Andrea esperaba un bebé. Finalmente, Mario y Andrea se casaron estando realmente enamorados.

EN SÍNTESIS

Jamás importa lo que digan los demás acerca de la pareja que hemos elegido. Nuestra preferencia responde a lo que nosotros necesitamos y estas necesidades se han ido formando a lo largo de nuestra historia personal. Por eso entre adultos, el amor y el enamoramiento son asuntos estrictamente personales.

LAS DOS MANERAS DE ELEGIR PAREJA

on Andrea y Mario ocurrió algo que se repite en muchas historias de enamorados. Todos vemos, o creemos ver en el otro —que para el caso es lo mismo— lo que necesitamos para ser felices. Si necesitamos algo es porque nos hace falta, porque no lo tenemos y porque no lo hemos obtenido a lo largo de nuestra historia personal.

Pareciera ser una regla —hay autores que así lo demuestran— que lo que nos falta como adultos es lo que no nos dieron nuestros padres o las personas que los sustituyeron. De este modo, crecemos con huecos y limitaciones que se traducen en sentimientos de abandono, de inseguridad o miedo, de falta de aceptación, etc. Sin embargo, nuestros padres nos dieron la vida y —aun con sus limitaciones— nos cuidaron y ofrecieron lo necesario para que creciéramos y nos desarrolláramos. De tal forma que en nuestras figuras patea y matea encontramos representados logros y limitaciones. Los primeros como evidencia de éxito y riqueza de tenerlos. Las segundas cono anhelo y añoranza.

Por ello, cuando en la adolescencia o en nuestra juventud nos enamoramos de otra persona, lo hacemos siempre con relación a lo que obtuvimos o a lo que nos faltó de nuestros padres (o figuras sustitutas). O sea que, cuando nos enamoramos, vemos —o creemos ver— en el otro lo que nos gustó en la infancia, o encontramos en la otra persona cualidades o virtudes que nos hicieron falta de pequeños.

Como ya lo hemos visto, en el caso de Andrea y Mario parece claro que ella encuentra la seguridad en un hombre mayor que le ofrece estabilidad económica y la posibilidad de seguir desarrollándose; y Mario, por su parte, encuentra en Andrea a una mujer bella e inteligente, con espíritu emprendedor, que conjuga atributos femeninos de ternura y sentido maternal. En ambos casos la elección se realiza sobre la base de querer encontrar a alguien con quien poder superarse.

En la mayoría de los casos, elegimos justo a la persona que nos ayudará a superar limitaciones y con quien habremos de construir una vida más feliz y plena. Lo hacemos sobre la base de seguir manteniendo los atributos positivos que vivimos en la infancia, pero también con la idea de obtener lo que no tuvimos y creemos que nos hace falta.

Sin embargo, desgraciadamente no siempre es así. Existen muchas parejas que en su relación repiten algunas de las situaciones desafortunadas que vivieron en su familia de pequeños. De esta manera, es bastante común —más inusual de lo que creemos o esperaríamos— encontrarnos con un marido golpeador junto a una mujer que de pequeña fue golpeada o vio cómo golpeaban a su mamá.

O bien, hombres que en su matrimonio reproducen el mismo papel de subordinación e inseguridad que vieron en su padre respecto a su propia esposa. O el caso tan frecuente del hombre mujeriego y tomador, que llega a ser pareja de una mujer abnegada, que en su propia familia vio a su padre o a sus hermanos mayores comportarse de esa manera con sus mujeres.

Estos son los casos que, vistos desde fuera, nos llevan a este tipo de comentarios: "vieras a Juanita cómo le gusta sufrir. Se consiguió un marido que todo el tiempo la golpea. No sé por qué sigue con él".

La razón que explica este tipo de elección parece ser muy sencilla: en estos casos elegimos por imitación, sencillamente repetimos lo que vimos y no se nos ocurre que las cosas puedan ser de manera diferente. O tal vez creemos que lo que vimos en nuestra familia es la única manera —es decir, *la* manera— de establecer una relación de pareja.

Pero debemos entender que, cualquiera que sea la razón de nuestra elección, siempre lo hacemos sobre el convencimiento de que estamos eligiendo a la persona correcta. Igual nos enamoramos y creemos estar en lo correcto. La diferencia está en que en un caso nuestra relación estará fincada en una base constructiva y de superación, mientras que en otro la vinculación con la pareja nos llevará a repetir de una manera enfermiza las situaciones desafortunadas de nuestra infancia. La decisión es nuestra.

EN SÍNTESIS

En todos los casos, nuestra elección de pareja la hacemos teniendo como referencia lo que vivimos de pequeños en nuestra familia. Sin embargo, hay dos maneras de hacerlo. La primera es eligiendo a la persona que tenga los atributos positivos que nos gustaron en la infancia, o bien los que no tuvimos y anhelamos. La segunda es hacernos acompañar en nuestra vida de alguien que repita enfermizamente las mismas condiciones que vivimos en nuestras familias. La primera es una elección constructiva. La segunda es una elección neurótica.

EL MITO DE LA MEDIA NARANJA

*A*ndrea y Mario estaban seguros de haber encontrado a su media naranja, el complemento perfecto para llenar las necesidades de uno y otro. Así lo escucharon de boca de muchos de los amigos que asistieron a su boda. "Es que nacieron el uno para el otro." "Vieras qué bien se complementan." "Tal para cual: Mario es la media naranja de Andrea."

Estas expresiones las escuchamos —o decimos—frecuentemente para significar que los miembros de una pareja se llevan bien y se complementan a la perfección. Pareciera que lo que queremos decir es que aquello que le falta a uno lo tiene el otro y viceversa. Así funcionan muchas parejas, o por lo menos así se inician muchas relaciones en las que aparentemente todo funciona a la perfección. Pero, ¿qué tan cierto es esto? ¿Así funcionan las relaciones?

La experiencia nos indica que, efectivamente, como Andrea y Mario, la mayoría de las parejas inician así su relación. Algo ven en el otro que los complementa. Por eso se gustan y por eso se enamoran. Mujeres que encuentran en su hombre grande y fuerte la seguridad que les hace falta, y hombres que en su mujer encuentran la ternura que nunca tuvieron de pequeños. En general, este pareciera ser el patrón general de las parejas.

Sin embargo, más pronto que tarde los problemas empiezan a presentarse y lo que otrora era miel y dulzura después de algunos años se convierte en tragos amargos que se repiten cotidianamente.

Entonces vienen los reclamos: "es que es tan serio", "es que es tan mandona", "todo el tiempo me está diciendo qué hacer", "es tan autoritario". Lo que al inicio de la relación eran virtudes posteriormente se transforman en los principales defectos del otro.

La verdad es que pocas veces nos detenemos a pensar lo imposible que resulta que una persona sea una mitad y que la otra persona complemente la mitad faltante. Si lo pensamos así, el resultado podrá ser realmente monstruoso: algo así como uno de esos animales de la mitología, mitad toro y mitad león, por ejemplo.

No es posible ser sólo la mitad de uno y completar a otro ser demediado. La verdad es que somos, cada uno, una persona completa —con virtudes y defectos— que nos relacionamos con otra persona completa, que tiene a su vez sus propias virtudes y defectos.

El no comprender esta verdad que parece tan sencilla es la fuente de muchas dificultades en las relaciones de pareja. La pregunta obligada es la siguiente: ¿nos enamoramos de la otra persona o de lo que nosotros queremos que sea?

Si llegamos a este punto en nuestra relación, tendremos que aceptar que nos encontramos frente a una enorme paradoja, pues nadie que se precie de ser medianamente sano en el plano emocional se enamora de otro que haga siempre lo que se le pida. Lo que a la larga llega a ocurrir es que la relación pierde frescura y espontaneidad y lo previsible se transforma en insatisfacción.

Lo cierto es que todos requerimos de alguien que nos diga a veces sí y a veces no. Necesitamos de alguien que reconozca y valore nuestras virtudes, pero que también nos haga ver nuestras limitaciones. Aunque parece sencillo, lo olvidamos con frecuencia y nos molestamos cuando nos hacen ver nuestros defectos.

EN SÍNTESIS

Ni somos la mitad de una fruta ni necesitamos de otra mitad idéntica a nosotros. Somos naranja completa que requiere otra naranja, igualmente completa, pero diferente. ¿Acaso existen dos naranjas iguales? El complemento perfecto no existe: es un mito.

¡ELIGE! ¡EL AMOR NO ES UNA TÓMBOLA!

Con lo que hemos visto hasta aquí, podemos comprender un poco que la elección de pareja es algo muy importante y que constituye, tal vez, una de las decisiones más significativas de nuestra vida.

Sin embargo, también nos hemos podido dar cuenta de que en muchas ocasiones realizamos nuestra elección de pareja de manera precipitada y sin medir las consecuencias. Muchas otras lo hacemos sin detenernos a pensarlo dos veces y dejamos que las circunstancias nos lleven a formalizar una relación. Es muy frecuente ver embarazos prematuros como causa de muchas uniones. En otras, el inicio de las relaciones sexuales parece ser motivo para comprometerse en una relación de por vida. De esta manera, en muchas ocasiones dejamos que el destino decida por nosotros, con todo lo que esto implica.

Antes de concluir este capítulo, es importante que nos quede claro que la elección de pareja es precisamente eso: una elección. Y para elegir, tienen que darse ciertos requisitos que veremos enseguida.

Primero. La elección es un acto consciente y responsable. En este sentido, tienen que existir condiciones mínimas de madurez física y emocional que favorezcan al máximo una buena decisión. La edad, aunque no es una garantía, es un elemento de ayuda importante. No es frecuente que un adolescente haga una buena elección de pareja, porque carece de cierto nivel de madurez necesario para formalizar una relación. Aunque, desde luego, hay sus honrosas excepciones.

Segundo. Aunque parezca obvio, **una elección supone siempre tener la oportunidad de optar entre uno u otro,** es decir, que por lo menos existan dos oportunidades para poder elegir una. Para ello, siempre será recomendable no apresurarse en la elección de *la* pareja. Es importante experimentar varias relaciones de noviazgo antes de elegir "la buena". Esto no quiere decir que necesariamente tengan que fracasar relaciones que se formalizan a partir del primer noviazgo, pero sí tienen mayores probabilidades de éxito cuando la decisión se toma a partir de la diversidad de experiencias.

Tercero. Es importante conocer —por lo menos medianamente— a la otra persona, antes de decidir vincular nuestra vida con ella para siempre. Uno o dos meses nunca serán suficientes para conocer los rasgos básicos de una persona. Tampoco diez años de relación previa son recomendables. Uno o dos años, tres tal vez, dependiendo de la intensidad y cercanía de la relación, pueden ser suficientes para conocer a la persona con quien nos estamos relacionando.

Cuarto. Por lo menos vale la pena pensarlo un poco, es decir, sopesar virtudes y defectos. Sabemos que en el amor no manda la cabeza, pero a veces ayuda para que el corazón no se equivoque. Un poco de serenidad y cabeza fría no salen sobrando. Al final de cuentas el corazón es el que manda.

Quinto. No querer hacerla de redentores. Es un error muy común creer que podemos cambiar a la otra persona, que nuestro amor hará milagros. Estar conscientes de que la decisión de cambiar siempre será del otro y que el amor que nosotros demos no podremos condicionarlo a que se den en el otro tales o cuales cambios de actitud o comportamiento.

Éstas son sólo algunas recomendaciones. Familiares y amigos con más experiencia que la tuya tendrán siempre algo que aportarte. Pero recuerda: no les hagas mucho caso; finalmente la decisión es tuya y sólo tuya.

EN SÍNTESIS

Por favor... ¡decide! No dejes que las circunstancias elijan por ti. ¡El amor no es una tómbola!

AL FINAL DE CUENTAS… TODO CAMBIA EN NUESTRA RELACIÓN

CAPÍTULO 2

TODO CAMBIA

*E*s frecuente escuchar a hombres y mujeres quejarse de que su pareja —o su matrimonio— no es igual que antes. Siempre que escuchamos esto tendríamos que preguntaos: ¿acaso podría ser de otra manera? ¿Es que es posible que pasen los años, los hijos y los kilos sin que nada cambie?

La experiencia de millones de parejas de ayer y de ahora indica que no es posible que se mantenga por siempre y hasta la muerte la etapa del idilio y enamoramiento que caracteriza a la mayoría de las parejas en sus primeros meses de relación. Por el contrario, lo natural es que el tipo de relación y la forma que adopta vaya cambiando durante las diferentes etapas de la vida de una pareja.

Obviamente no es lo mismo cuando nos acabamos de conocer y tenemos ansias locas de veos diario y a cada rato, que cuando, después de dos o tres años, preparamos la boda bajo la tutela familiar. Tampoco será igual ya casados en la luna de miel que al regresar del viaje y enfrentarnos a los gastos que supone poner casa y muebles. Y no se diga cuando llega el primer hijo, porque entonces hasta se nos olvida que estamos casados y tenemos pareja. La relación de pareja en la vida adulta —marcada porque los hijos llegan a la adolescencia y tienen que dejar la casa para estudiar o trabajar y luego se casan y regresan al hogar, pero ya con sus propios hijos, los nietos— no puede ser de manera alguna ni siquiera muy parecida a cuando se tienen unos cuantos años de matrimonio. ¿Acaso la relación de una pareja de ancianos podría ser igual a la de los jóvenes entusiastas que querían comerse el mundo a los veintitantos?

Esto, que suena tan obvio, es algo que todos olvidamos. Por eso es bueno recordarlo aquí. Hay que evocarlo cuando tengamos una de esas crisis que, de manera normal, se presentan en cualquiera de las etapas que nos tocará vivir, o que ya estamos viviendo. No son pocas las parejas que a las primeras de cambio creen que todo está perdido y buscan la manera fácil de resolver un pequeño conflicto: regresando a la casa de los papás o yéndose con la primera o el primero que se encuentran en el camino.

La vida de pareja es algo que se va construyendo paso a paso, y en cada etapa se aprende algo y la relación se consolida. Tal vez una de las partes más rescatables de la epístola de Melchor Ocampo sea aquélla donde se advierte que la relación será "en lo próspero y en lo adverso, en la salud y en la enfermedad", o dicho de otra manera, en las buenas y en las malas. En las buenas, no cabe duda de que uno se la pasa muy bien y de que es muy disfrutable la vida en pareja. Por otro lado, las situaciones difíciles por las que puede atravesar uno de los miembros de la pareja —como la muerte de los padres o hermanos—, cuando se vive en pareja, son cosas que ayudan a fortalecer la relación y le otorgan su verdadero sentido.

Ahora bien, la pareja misma puede atravesar por situaciones difíciles y sortear esas pequeñas —o grandes— crisis que hacen más sólida la relación. Muchas parejas maduras han comentado, sabiamente, que lo difícil no está en iniciar una relación sino en saber mantenerla. Esta idea es la que debemos tener siempre presente al enfrentar los cambios que de manera natural se irán dando en nuestra relación.

EN SÍNTESIS

Todas las parejas cambian. No es posible mantener invariables las condiciones en que se conocieron. Estos cambios se presentan de acuerdo con las diferentes etapas por las que se vive, que tienen que ver con los hijos, con la edad y con la maduración de cada uno de los miembros de la pareja. Veamos algunos ejemplos.

LUNA DE MIEL... ¿O DE HIEL?

*E*s más frecuente de lo que nos imaginamos escuchar a las parejas quejarse de que el viaje de luna de miel no fue como lo imaginaban. Y es que nos lo han pintado siempre tan bonito que, cuando lo vivimos en realidad y en cae propia, se nos cae el castillo de ilusiones que habíamos edificado. Tal vez deberíamos preguntarnos si lo que nos han dicho se trata de un enorme mito creado en too a este gran acontecimiento.

¿Cuáles son, en general las condiciones a las que nos enfrentamos en ese primer viaje juntos en el que ocurren "muchas cosas", muchas más de las que nos imaginamos? Utilicemos, como ejemplo, lo que le ocurrió a Tania y Alonso para ver los problemas más frecuentes que se presentan en lo que se ha dado en llamar la "luna de miel".

Tania tiene 18 años cumplidos. Alonso 23. Después de año y medio de noviazgo, al fin han sorteado los problemas familiares y un poco los económicos, para hacer realidad su sueño de "casarse bien": por lo civil y por la Iglesia. Durante varios meses planearon la boda: fecha, hora, lugar, invitados, nombre del sacerdote, tipo de flores, música (para la iglesia y para la fiesta), vestido (para ella) y traje (para él), pajes y padrinos, comida, pastel, bebidas, todo lo cual tuvieron que someterlo a la opinión —a veces insistente y hasta amenazadora— de sus respectivos padres... en realidad, más la de los de ella, bueno, la de la mamá de ella, porque al papá, después de la primera impresión, le pareció más prudente dejar el asunto en manos de su esposa. Asuntos tan insignificantes como qué pedir de regalo a la vecina de los papás de él fueron motivo de conflicto entre ellos, sin contar con la decisión —ésa sí de suma importancia—, que debieron tomar a última hora, sobre el fraccionamiento en el que debían escoger casa para utilizar el crédito que finalmente les había sido autorizado.

En fin, ya todo había pasado. La mayor parte de lo que durante meses fueron planes ya había sido realizado. El padre no habló tan bien como habían supuesto, pero la compensación fue un mensaje que a última hora dirigió el padre de Alonso a toda la concurrencia para agradecer que los hubieran acompañado en esa ocasión tan importante. Tania había lucido maravillosa, a pesar de los nervios, porque el peinado "no se le acomodaba bien" —según ella, lo habían cortado más de la cuenta—, y sus papás, cosa nunca antes vista, habían estado listos, afuera de la iglesia, cinco minutos antes de que se iniciara la ceremonia. A Alonso no se le habían olvidado los anillos ni las arras y los padrinos de lazo estuvieron muy bien: no desacomodaron el velo ni el peinado de la novia. En la fiesta todo resultó espléndido; incluso el incidente de que se fuera la luz —que amenazó, por un momento, con echar por tierra el baile— dio pie a agradables y chuscos comentarios. La comida estuvo de maravilla y la música permitió que tanto adultos como jóvenes bailaran hasta el cansancio, los novios incluidos. Tan cansados quedaron los novios, después de bailar y agradecer personalmente a todos los invitados sus atenciones que al término de la fiesta, Tania andaba ya sin zapatos y Alonso sin corbata. Finalmente llegaron al hotel —previamente seleccionado— para pasar ahí la noche de bodas, inicio obligado de la luna de miel.

Y, ¿qué pasó en esa esperada noche? Nada. Efectivamente no ocurrió nada de lo que a Tania le había adelantado su mamá que iba a ocurrir: ni Alonso se le lanzó en la cama buscando completar lo que durante año y medio le había sido negado ni Tania se vistió con el seductor negligé negro que había comprado en compañía de su mejor amiga para agradar al esposo. Los novios estaban tan cansados que se quedaron dormidos. Entre el cansancio y el nerviosismo de "hacerlo por primera vez", Tania optó por ponerse a modo de pijama una camiseta guanga (para alejar pasiones) y Alonso (entre copas y cansancio) sencillamente no tuvo ánimo de quitarse los pantalones. Así durmieron y así despertaron, sin que hubiera ocurrido nada más.

A la mañana siguiente empezaron los reclamos. A pesar de que Tania en realidad no había querido nada, le hizo ver a Alonso que su actitud no había sido la del esposo enamorado que por primera vez está con su amada. ¿Qué le había pasado? ¿Había dejado de gustarle? En medio de su confusión, en realidad no sabía si habían hecho algo mal los dos o alguno de ellos, pues las cosas no habían ocurrido como supuestamente "debían" haber ocurrido. O quizá era que Tania buscaba propiciar un pleito como forma de evitar el acercamiento sexual con su pareja. Alonso, por su parte, estaba desconcertado. Efectivamente se había quedado dormido "el mero día". ¿Qué le había pasado? ¿De verdad empezaba a perder el interés por Tania? Además, en esa primera mañana de casados, le había resultado muy extraño verla despeinada, con el rímel un poco corrido debajo de los ojos y aquella camiseta guanga que no le conocía. Desconcertado era poco: estaba conmocionado y, por si fuera poco, tenía que estar pendiente de pedir la cuenta en la recepción y pagarla a tiempo para tomar el vuelo a Puerto Vallarta. Ya estaban las maletas listas, gracias a la aguda previsión de Tania, que Alonso tanto había criticado días antes: arriba la ropa para ese día y los vestidos de ella para que no se arrugaran, abajo lo que utilizarían en la playa durante los próximos cinco días; a la mano cepillos de dientes y desodorantes de ambos (hasta ese día no sabían la marca de desodorante que acostumbraba cada uno). Lo que Tania no previó fue que Alonso cambiaría de opinión y decidiría ponerse, para el avión, la camisa floreada que estaba prevista —según los cálculos de Tania— para el último día del viaje, lo que ocasionó una fuerte discusión que supuso deshacer prácticamente una de las maletas y se arriesgaran a perder el avión. Ni qué decir del prolongado silencio en el taxi rumbo al aeropuerto y de los cuarenta y cinco minutos de espera, antes del abordaje. Ninguno de los dos podía creerlo. Su primer viaje juntos lo habían iniciado de la peor manera con fuerte pleito. La comunicación se restableció una vez que estuvieron sentados en sus respectivos lugares, pues Tania necesitaba comentar su nerviosismo frente al despegue del avión: era la primera vez que volaba. Alonso se sintió más cómodo en el papel de compañero protector, así que la abrazó y pudieron comentar alegremente los paisajes que veían por la ventanilla y las menores vicisitudes de un vuelo corto que transcurrió sin sobresaltos... los cuales vinieron después.

Para no alargar más la historia, diré que el hotel al que llegaron no respetó las reservaciones originales y les asignaron un cuarto "¡¡¡sin vista al mar!!!", con el consecuente enojo de Tania... en contra de Alonso porque "obviamente algo mal debió haber hecho al contratar el paquete vacacional"; el pronóstico del clima —que, previsora, Tania se había encargado de investigar— falló rotundamente —con el consecuente reclamo de Alonso hacia Tania— y los esperados días soleados no llegaron nunca, por lo que tuvieron que permanecer frente a frente, o lado a lado, mucho más tiempo del que podían haber imaginado. Esta situación incrementó el nerviosismo y la tensión de ambos al tener que hacerlo "por primera vez", lo que dicho sea de paso, resultó un verdadero problema que nada tenía que ver con el romántico sueño relatado por las abuelitas, entre otras cosas porque a nadie se le había ocurrido pensar en las consecuencias y no habían comentado juntos el asunto, responsabilizando cada uno al otro de asumir la precaución necesaria: "pensé que estabas tomando pastillas", "tú eres quien debe pensar en esto; debiste haber traído un preservativo", el que finalmente adquirieron en una farmacia... ¡¡¡a ocho cuadras del hotel!!! Total, que los cinco días que habían pensado pasar a la orilla del mar asoleándose, se convirtieron en sólo tres lluviosos y tensos días —el segundo acercamiento sexual vendría muchos días después, ya instalados en la nueva casa— pues adelantaron el regreso porque había que arreglar los papeles del préstamo —noticia recibida telefónicamente en una de las tantas llamadas de

Tania a su madre— y porque en realidad ninguno de los dos se la estaba pasando muy bien.

Al relatar la experiencia posteriormente, ambos utilizaron expresiones del tipo: "nunca me imaginé...", "yo pensaba que él (o ella) era de otra manera...", "si hubiera sabido...", "vieras qué cambiada(o) estuvo...", que fueron dejando atrás con el transcurrir de los días. Poco a poco Tania y Alonso estabilizaron su relación, aprendieron a conocerse realmente y a disfrutar de su compañía, que cada día se toó más placentera, lejos de la mirada de familiares y de falsas expectativas.

EN SÍNTESIS

La luna de miel es un mito. Nos han dicho tanto acerca de sus maravillas que bien valdría la pena desmitificarla. Veámosla como es y nada más: una oportunidad de conocer algún lugar agradable con nuestra pareja y disfrutar enormemente de su compañía. Si le quitamos todo lo que se ha dicho al respecto podremos disfrutarla mucho, muchísimo más.

"ES QUE YA NO ME HACE CASO..."

*E*l nacimiento del primer hijo es todo un acontecimiento que la mayoría de las parejas esperan con ansia loca. Sin embargo, es motivo de conflicto. Aunado al cansancio, nunca falta el marido que se queja de que el bebé ha venido a desplazarlo del lugar que tenía en el corazón de su mujer, quien parece haber dejado de serlo para convertirse en madre. "Es que ya no me hace caso", es la expresión con que suele dar a sus amigos, el marido desairado, a propósito de la nueva situación con su esposa. Durante el embarazo se produce cierto distanciamiento, que también está propiciado por mitos y desinformación. Veamos el caso de Luz y Rafael.

Llevan tres años de casados y acuden al terapeuta de pareja, porque las cosas van realmente mal en su relación. Luz se la pasa atendiendo a su hijo de año y medio sin descuidar por las mañanas su trabajo de maestra. Su madre le ayuda cuando ella no está. Rafael se ha involucrado cada vez más en su trabajo y es poco el tiempo que pasa en casa. La comunicación prácticamente ha desaparecido y se limitan a comentar lo estrictamente indispensable. Sus relaciones sexuales se han ido distanciando cada vez más al punto de que ella

sospecha de una posible infidelidad. Hay insatisfacción y distanciamiento.

Después de un par de sesiones, terapeuta y cónyuges concluyen
que los problemas empezaron a presentarse a raíz del nacimiento de
Rafita. La pregunta es, ¿por qué? Rafael se apresura a contestar: "en
realidad desde que nació nuestro hijo, las cosas con Luz ya no han
sido como antes. Sólo tiene tiempo para su trabajo y para *su* hijo
—enfatiza "su" hijo— y si estoy o no es algo que parece no importar-
le. Por eso mejor me quedo en el trabajo y llego a casa lo más tarde
posible. No es cierto que ando con otra persona, aunque ganas no
me faltan".

Luz, por su parte, argumenta que no puede atender a todos y se
refiere a su esposo como si fuera un niño. "A veces siento que me
demanda más atención que el propio Rafita. Pareciera que tengo dos
hijos, en vez de uno. Y además no puedo dejar de trabajar porque no
nos alcanza. Si él ganara más las cosas serian diferentes."

Después de revisar detenidamente lo que ha ocurrido en su relación durante los últimos dos años —el embarazo, el parto y los primeros cuidados del bebé—, Luz y Rafa caen en la cuenta, con mucha
claridad, de que han vivido una serie de experiencias de gran intensidad y de que no habían tenido tiempo, ni las condiciones necesarias,
para comentarlas y percatarse de ellas. Veamos sus descubrimientos.

Hasta antes del embarazo, todo marchaba sobre ruedas. Estaban
mucho tiempo juntos, sobre todo al caer la tarde y por las noches,
y realmente disfrutaban de estar juntos. Sus relaciones sexuales eran
muy frecuentes y podían sentirse y comunicarse no sólo lo que aconte-
cía en sus respectivos trabajos, sino lo que ocurría con sus emociones.

De común acuerdo decidieron dejar de cuidarse y buscar el embarazo, que no tardó mucho tiempo en producirse. La noticia fue bien recibida por ambos. Compartieron la emoción y, a su manera, Rafael hacía sentir a Luz que estaba a su lado, aunque no supiera mucho "de esas cosas que pasan a las mujeres cuando están embarazadas". Efectivamente, no supo lo que ocurría cuando, en una visita al ginecólogo, les anunciaron que el embarazo era de cierto riesgo y que había que tener algunos cuidados especiales pues existía amenaza de aborto. No era necesario reposo absoluto, pero debía evitarse subir y bajar escaleras, mantener una dieta estricta y abstenerse de realizar ejercicio o cualquier tipo de esfuerzo.

A pesar de que no estaba contraindicado el contacto sexual, sin decirlo expresamente, Rafa se abstuvo de buscarla como antes, temiendo que al hacerlo pudiera lastimar a su mujer o al bebé. Por su parte, Luz, entre susto y sorpresa por la noticia que no esperaba, se concentró en seguir al pie de la letra los cuidados prescritos por el médico y, como era natural, demandó mayores atenciones de Rafael.

Los siete meses siguientes fueron bastante difíciles: frecuentes visitas al médico, gastos y más gastos pero, sobre todo, el temor siempre presente de que algo malo ocurriera con su bebé. Por ello no dejaron de presentarse los inevitables problemas en sus respectivos trabajos, de tal forma que al final de cada día ambos caían rendidos de cansancio en espera del día siguiente.

Afortunadamente, el parto estuvo dentro de lo normal y sólo enfrentaron un último susto con el aumento de la presión sanguínea de la futura madre. Rafa estuvo todo el tiempo pendiente en la sala de espera y, cuando finalmente le anunciaron el nacimiento de su pequeño varón, emitió un profundo suspiro de alivio como diciendo: "al final, todo salió bien; ésta ya la libramos". En efecto, habían superado la situación satisfactoriamente, lo difícil estaba aún por venir.

A partir del nacimiento de Rafita, persistió la abstinencia sexual más allá de las recomendaciones médicas. El cansancio de Luz era cada vez mayor, pues pronto tuvo que regresar a la escuela procurando no descuidar las atenciones normales —o sea, muchas— que demanda un bebé, además se sentía presionada por ciertas limitaciones económicas por los gastos que habían tenido que afrontar; tuvo que rechazar una propuesta de ascenso porque le exigía estar por las tardes y no quería ni podía desatender tanto al bebé. Por su parte, Rafa sintió que no podía ofrecer a su mujer que dejara el trabajo pues se daba cuenta de que no alcanzaba con su sueldo —lo que lo hacía sentir realmente mal— y, en medio de toda esta confusión de sentimientos y realidades, percibía que las cosas ya no eran como antes con su esposa, por lo que, en el fondo, reclamaba sin darse cuenta las mismas atenciones que Luz le prodigaba cuando sólo eran ellos dos. "Es que ya no me hace caso", decía con frecuencia a sus compañeros, los viernes por la noche, cuando se reunía con ellos a jugar unas cuantas partidas de billar al salir del trabajo. A través de revisar su historia, Rafa reconoció que le pesaba que Luz no lo tratara como antes de que naciera Rafita, pero comprendió que no podía ser de otra manera: sencillamente las condiciones no eran las mismas. Todo había cambiado.

Luz y Rafa se dieron cuenta de todo lo que habían vivido y de que las cosas no podían ser igual que antes. Valoraron lo que habían logrado en todo ese tiempo de dificultades, que se materializaba en su precioso pequeño al que ambos adoraban. Curiosamente, después de darse cuenta de esto y de compartir la forma como cada quien había vivido esa experiencia, su relación mejoró sustancialmente y las cosas nunca volvieron a ser como antes... fueron mejores, pues juntos habían logrado construir algo que los había unido para siempre.

EN SÍNTESIS

Al llegar el primer bebé hay que hacerle un espacio. Más aún: él solito se lo toma. Comprendamos que esto es necesario y caigamos en la cuenta de que nunca más seremos sólo dos. Echemos a volar la imaginación y no nos desesperemos. Siempre los tiempos por venir serán bastante mejores. Disfrutemos la paternidad y compartámosla con nuestra pareja. Juntos habremos de madurar y compartiremos un cúmulo de realizaciones.

LIDIANDO CON HIJOS
ADOLESCENTES

*E*s una de las etapas más difíciles de la pareja. Los hijos adolescentes nos hacen enfrentar nuestras propias limitaciones, nos sacan de nuestras casillas y nos recuerdan que ya no somos jóvenes. No sólo hay que lidiar con los hijos adolescentes, sino que frecuentemente esta etapa se presenta cuando la pareja se enfrenta a la crisis de la edad media, coincide con la menopausia de las mujeres y frecuentes crisis de declinación de capacidades físicas en los hombres. Es cuando los hombres se pueden deslumbrar fácilmente con las muchachitas. Viene también una crisis de identidad en los adultos. Quienes superan con éxito esta etapa estarán frente a la hermosa posibilidad de construir conjuntamente cosas que ni siquiera nos imaginamos. El caso de Josefina y Carlos puede ilustraos al respecto.

Josefina está convencida de que Carlos le es infiel y aunque no se lo ha podido demostrar es muy probable que así sea. "Diecinueve años de casados son bastantes para no darse cuenta de que algo anda mal en nuestra relación", era lo que pensaba Josefina. Con enorme sensibilidad, podía describir a sus amigas la forma diferente como Carlos la buscaba y la tocaba, y la tremenda ausencia que sentía aún teniéndolo a su lado. Después de diecinueve años de vivir juntos era muy difícil engañarse a sí misma y hacer como si nada pasara. Se lo decía frecuentemente a Carlos, pero él nunca salía de lo mismo: negar la supuesta infidelidad, ausentarse de Josefina, de sus hijos... y de sí mismo, refugiarse en un trabajo de oficinista que medio le daba para pagar los estudios de dos hijos varones, de catorce y dieciséis años, a los que raramente veía y con quienes frecuentemente discutía.

Justo cuando Carlos Jr. estaba por cumplir los diecisiete años, Carlos papá sorprendió a toda la familia con la noticia de que se había comprado una motocicleta y el atuendo *ad hoc* para tan temerario pasatiempo: pantalones y chaqueta de piel, con botas y guantes del mismo material... todo negro. ¡¡¡De película!!!

Efectivamente, como en las películas, Carlos intentó evadir su condición de hombre mayor tratando de comportarse como un adolescente, al grado de que sus propios hijos lo criticaban. Como podrán imaginar, no duró mucho el numerito pero sí deterioró su relación de pareja y de familia, al grado de que Josefina acabó por pedirle que mejor se fuera de la casa. Esa situación le parecía realmente insoportable: los rumores de que andaba con una secretaria de su oficina eran cada vez mayores, al grado de que en alguna ocasión Josefina recibió llamadas anónimas para advertírselo. La pareja había suspendido prácticamente sus relaciones sexuales y comunicación de cualquier tipo; en la escuela, los muchachos debían soportar los comentarios burlones de sus compañeros que se referían a su padre como un Casanova trasnochado y, para acabar de completar el cuadro, Carlos empezó a faltar a sus obligaciones económicas con la familia. Era mejor que se fuera. No sólo Josefina, sino hasta los muchachos estaban de acuerdo. Se lo dijeron todos juntos una noche a la hora de la cena.

Era lo que hacía falta para que Carlos reaccionara. La propuesta le cayó como balde de agua fría. Unos cuantos días de soledad en un cuarto de hotel barato fueron suficientes para que cayera en la cuenta de lo que estaba haciendo. Su mujer podía tener todos los defectos del mundo pero finalmente era su compañera, con quien había compartido y disfrutado muchas experiencias y con quien había criado a esos dos hermosos hijos, a quienes de pronto descubría haber estado envidiando e imitando grotescamente. La relación que había establecido con las otras mujeres, aunque más jóvenes y bellas, no tenían la calidez y la riqueza de contenido que experimentaba con Josefina.

Estas reflexiones y un evidente cambio de actitud llevaron a Josefina a aceptarlo de nuevo a su lado. Pronto comenzaron los cambios. Carlos se dio cuenta de la insatisfacción que tenía en su trabajo y comenzó por enfrentar esa situación, lo que lo llevó a buscar —y a encontrar— una forma más acorde con sus gustos para vivir y seguir sosteniendo a su familia. Desde luego, también analizó, junto con Josefina, las condiciones de su propia relación, lo que les permitió comentar los aspectos negativos para superarlos poco a poco. Los muchachos fueron creciendo, cada uno encontró la manera de tener actividades que les satisfacían y ni cuenta se dieron cuando llegó el momento de despedir a sus hijos, cuando los chicos decidieron ir a estudiar a una buena universidad de provincia, con el apoyo de sus padres.

De ese modo, nuevamente, justo como al principio de su relación, Josefina y Carlos volvieron a vivir solos en pareja.

EN SÍNTESIS

El arribo de la madurez conlleva muchos cambios y situaciones difíciles. No nos desesperemos. Es una etapa que requiere de nuestra serenidad y experiencia para ayudar a nuestros hijos a adquirir su propia identidad no perdiendo la nuestra. No descuidemos nuestras propias actividades... y preparémonos para disfrutar de nuevo la compañía a solas, de nuestra pareja.

DEJAR IR A LOS HIJOS Y QUEDAOS SOLOS DE NUEVO

Tarde o temprano, como Josefina y Carlos, las parejas vuelven a quedarse solas: es la ley de la vida, el círculo que vuelve a cerrarse. En esta etapa se viven situaciones que muchas parejas parecen no querer aceptar, porque implica dejar ir a los hijos y enfrentar de nuevo una cierta soledad que en muchas ocasiones asusta.

Creemos que los hijos nos pertenecen y nos cuesta trabajo dejarlos ir. Sin embargo, esto es algo que debemos enfrentar. "Los hijos —dijo el poeta— no son nuestros, son hijos del anhelo de la vida...", de tal forma que aferramos a mantenerlos a nuestro lado implica matar el anhelo de vivir y frustrar su legítimo deseo de construir su propia vida, diferente a la nuestra.

Al constatar lo difícil que resulta a muchas parejas el desprenderse de sus hijos, no puedo evitar pensar si, en realidad, el verdadero temor tendrá mucho menos que ver con lo que les puede pasar a los hijos, que con enfrentarse a la propia soledad, con todas sus implicaciones.

Expresiones como las siguientes:

- "Mis hijos son lo único que tengo."

- "Es que toda mi vida la he dedicado a ellos."

- "Qué desconsiderados son... nosotros que les dimos todo y así nos pagan."

- "Y ahora que se fueron, ¿qué vamos a hacer?"

...nos permiten comprender por qué es tan difícil enfrentar el hecho de volver a quedarse solos.

Aquí cabe la pregunta a propósito de qué tan válido es eso de hacer TODO en función de los hijos. La verdad es que nunca una actitud así será desinteresada y al final acabaremos por pasarle la factura a los hijos. Les cobraremos con chantajes, no permitiéndoles hacer tal o cual cosa o exigiéndoles que "no sean malos" y vengan a veos, hasta pidiéndoles dinero para cubrir nuestras necesidades. En pocas palabras, les haremos más difícil la tarea que de por sí tienen que emprender a fin de separarse de los padres.

La verdad es que, en el fondo, una actitud así hacia los hijos demuestra un gran temor a quedarse solo... solos con nosotros mismos y solos también con nuestra pareja. Porque, a solas, será mucho más difícil disimular problemas, carencias, angustias. Más difícil será querer engañarnos y utilizar a los hijos como pretexto para no hacer tal o cual cosa, para no enfrentar tal o cual limitación propia o de pareja. La ausencia de los hijos nos lleva a ver de frente lo que somos y lo que hemos hecho como también lo que no hemos hecho. Y eso, como cualquiera puede suponerlo, cuesta trabajo.

Cuesta más trabajo aun cuando se dan dos condiciones, que por cierto son bastante frecuentes:

Primero: Cuando efectivamente nos hemos dedicado "en cuerpo y alma" a satisfacer todas las necesidades de nuestros hijos, pasando por encima de nuestra pareja y de nosotros mismos.

Segundo: Y cuando hemos utilizado a los hijos para esconder o solucionar problemas que tenemos con nuestra pareja.

Veamos con detenimiento estas dos situaciones:

Cuando todo lo hacemos por los hijos. Esta actitud pareciera normal en alguien que quiere mucho a sus hijos. Efectivamente, en los primeros meses de vida de nuestros hijos, pareciera que todo se convierte en biberones, pañales, cólicos, enfermedades, desveladas, preocupaciones, etc. En esos momentos, jamás nos planteamos la posibilidad de pensar en nosotros mismos. Nuestros bebés nos requieren de tiempo presente. Sin embargo, hay quienes siguen manteniendo a lo largo de los años —aun cuando los hijos ya son adolescentes y hasta adultos— esta actitud que sólo resulta justificada durante los primeras semanas de vida del bebé.

Lo pernicioso de una actitud y una conducta de este tipo tiene dos caras. Evidentemente hacemos daño a los hijos al no permitirles ser independientes y desarrollar sus propias capacidades, a enfrentar solos sus problemas e ir descubriendo poco a poco la manera de resolverlos. Además —y esto es lo que nos interesa subrayar en este apartado—, nosotros mismos nos atamos a ellos e impedimos realizar nuestras propias actividades, convirtiendo a nuestros hijos en tiranos de nuestro cautiverio, construido a partir de la propia dependencia que hemos establecido con ellos.

¿Por qué ocurre esto? Básicamente por dos razones: frente a la sociedad, nos hace aparecer como buenos padres, lo que refuerza nuestra idea de que efectivamente lo somos. Por otro lado, siempre será más cómodo y requerirá un menor esfuerzo hacer las cosas que convencionalmente son "buenas" para nuestros hijos, que pensar en lo que queremos hacer por y para nosotros mismos. Ambas razones se retroalimentan. Sin embargo, por ese camino, lo que llega a ocurrir es que a la larga nos sentimos frustrados y vemos como una traición los intentos de los hijos por dejaos. Pero sobre todo, vivimos el resto de nuestros días reprochándoles su ingratitud, les "cobramos la factura" y somos incapaces de construir —o de reconstruir— nuestra propia vida en lo individual y con nuestra pareja.

Cuando utilizamos a nuestros hijos para esconder o tratar de solucionar los problemas que tenemos con nuestra pareja. Esto, por desgracia, es algo también muy común. Hay parejas que no pueden llevarse bien o simplemente tolerarse mutuamente si no es teniendo enfrente a los hijos, a alguno de ellos. A Gabriela y a Ernesto les está ocurriendo algo así. Tienen una hija única, de trece años, que ambos utilizan, desde hace más de cuatro años, ¡para comunicarse! Textualmente. No pueden dirigirse una sola palabra de manera directa: utilizan a Lili para decir al otro dónde van a estar por la noche o para sugerir alguna actividad para el fin de semana. La hija es la mensajera, el cable que une de manera ficticia a sus padres entre sí y a ella con sus padres.

¿Podemos imaginar lo que ocurrirá unos años más tarde en esta familia? Como es de suponer, si la hija está en medio de ambos padres, se erige sin querer en un obstáculo para que ellos puedan resolver su situación, lo que está impidiendo, al mismo tiempo, que Lili haga su propia vida independiente. Una de dos: o ella rompe realmente con los padres para hacer su vida y al hacerlo los esposos enfrentan su real situación como puedan (separándose o revisando sus posibilidades), o los esposos logran retener a Lili a toda costa destruyendo sus anhelos de vivir y la posibilidad de resolver su propia relación: un infierno para todos.

EN SÍNTESIS

Tarde o temprano volveremos a estar solos. Una verdadera relación de pareja se prepara con tiempo y conscientemente para dejar ir a los hijos y volver a asumirse como debe ser, en un ambiente de creación conjunta. Los hijos nos permiten crecer y madurar en un primer momento, pero pueden también ser un obstáculo para nuestra realización como pareja.

"SÍ SE PUEDE... Y BIEN VALE LA PENA"

Hasta aquí hemos revisado las dificultades que enfrenta una pareja a lo largo de su vida. Todos hemos sido testigos de más de un ejemplo. Sin embargo, también conocemos por lo menos a una pareja de viejos que siguen compartiendo sus vidas CON CREATIVIDAD Y ENTUSIASMO. Desde luego no son los pequeños jovencitos que fueron algún día, ni hacen el amor diariamente buscando cualquier rincón y la primera ocasión para estar solos.

Son personas maduras que siguen dando su experiencia y sabiduría a otros pero sobre todo se encuentran serenos y tranquilos con ellos mismos y con su pareja.

No se trata de seguir siendo melosos y de estar permanentemente "acaramelados". No. Se trata de haber hecho lo que cada uno ha querido hacer y de tener la satisfacción de haber formado unos hijos que por fortuna emprendieron su propia vida y para los cuales siempre existirá un lugar de amor en el corazón. Se trata de hacer lo que cada uno ha querido y de haber tenido la capacidad de compartirlo con el otro.

Lo que estamos diciendo aquí, para concluir este capítulo destinado a analizar los cambios que se dan en todas las relaciones de pareja, es que una relación de pareja requiere de dos personas. Sí, de dos personas. No una que haga siempre lo que la otra quiera o dos que dejen de hacer lo suyo para complacerse mutuamente. Se requiere de dos personas, cada una con un deseo propio de realización con metas y ambiciones personales, para poder **compartir** lo propio con el otro. No podemos compartir lo que jamás nos pertenece, tampoco podemos compartir el deseo del otro. Necesitamos dos personas con deseo propio para hacer una verdadera pareja. Y estos deseos se construyen, clarifican y cambian durante toda la vida. El reto es poder compartir esta búsqueda y este compromiso con nuestra pareja.

EN SÍNTESIS

Sí se puede. Se trata de cambiar para ser mejor y para ir encontrando lo que queremos. Se trata de no quedarse estancado y de crecer uno mismo compartiendo las realizaciones con la pareja. Se trata de no perderse en el otro y de ofrecerse al otro y ayudarlo a crecer, al mismo tiempo que aceptamos lo que nos da. Se trata de aprender a valorar la diferencia que nos une con nuestra pareja...

¡Qué bueno que somos diferentes!

CAPÍTULO 3

NO SOMOS IGUALES

Muy seguido me he encontrado con personas —hombres y mujeres por igual— que, en su lista de lamentos, incluyen la queja de que su pareja es muy diferente a ello(a)s. Parece, en el fondo, que añoran una compañía parecida a sí mismos, y mientras más similar... mejor.

Esto es un error. Quienes han cedido a la tentación de hacer de su pareja alguien muy parecido a ellos mismos, tarde o temprano acaban por darse cuenta de su error. Es como crear un Frankenstein, un monstruo que acaba volviéndose contra su creador. Habría que preguntaos en primer lugar si tenemos derecho o autoridad moral para hacer del otro alguien diferente a lo que es. De entrada, equivale a menospreciar la capacidad de nuestro(a) compañero(a) y aceptar que es fácilmente manipulable. No podemos respetar, y menos aún, amar a alguien que hemos creado a nuestro antojo. El sentimiento no puede ser si no de desprecio.

Recuerdo a una joven pareja de recién casados que a los pocos meses de vivir juntos, ella se dio cuenta, a través del comentario de una amiga, de que su compañero se estaba jactando abiertamente con sus amistades de que la razón por la que se había casado con ella era para demostrarse a sí mismo que podía "hacerla a su manera". El divorcio sobrevino un mes más tarde. Ella ya presentía que algo así estaba ocurriendo por lo que, al escuchar el relato de su amiga, unió las piezas y se percató de que, efectivamente, su joven, vanidoso y prepotente compañero había estado jugando en convertirla en alguien distinta a sí misma. Había aceptado gustosa muchas de las propuestas de su marido, aunque no fueran precisamente de su agrado, pensando que de esa forma lo halagaría y estarían más unidos. El descubrimiento resultó sencillamente desastroso. Al menos ocurrió a los pocos meses de casados y sin que hubieran llegado los hijos. Todo quedó como una ingrata lección... para ambos.

Por eso es pertinente dedicar un capítulo completo a valorar las bondades de las diferencias entre las parejas, para poder expresar simple y llanamente: "¡qué bueno que somos diferentes!"

Imagina una película de ciencia ficción, en la que logran crear seres vivos idénticos entre sí, iguales en todos sus rasgos y detalles: cara, manos, piel, carácter, docilidad, forma de vestir, hábitos y costumbres, gustos, etc. ¡Todos perfectamente iguales! Los seres así creados constituyen ejércitos, masas de personas que se mueven hacia el mismo lado y hacen lo mismo, generalmente manipulados para que se comporten igual y respondan a la misma orden, al mismo amo. Son una especie de robots, o de seres clonados que pueden ser manejados al antojo de su creador, con características que le resultan deseables, o al menos convenientes a sus propósitos.

¿Recordaste alguna película que contenga una escena semejante? Imagina ahora que dos de estos seres se reúnen. ¿De qué podrían hablar, si siempre han visto, olido, tocado, sentido y realizado lo mismo? ¿Qué podrían intercambiar si lo que ha hecho uno lo conoce perfectamente el otro, porque a su vez él mismo lo ha realizado? ¿Qué sentimientos podrían compartir si lo que los une es el estar al servicio del otro, del gran amo, del ser superior que los creó para servirlo y para que no tuvieran otro deseo más que obedecer sus órdenes? Aburrido, ¿no te parece?

Pues bien, pensando en esto es que creo prudente iniciar este capítulo con una expresión de alivio, para agradecer que los seres humanos seamos diferentes. Y, al decir diferentes, me refiero a ser distinto EN TODO. No hay un solo ser humano que sea exactamente igual a otro. Veamos las diferencias.

La primera que salta a la vista es la diferencia de género: hombres y mujeres. Esta diferencia queda establecida a partir de las características biológicas de nuestro cuerpo.

Siguiendo con las diferencias que resultan de nuestra biología, habría que resaltar la enorme gama de características corporales externas —por no hablar de los órganos internos, que no se ven— que nos hacen diferentes: el color de la piel, el tamaño y forma de los ojos, así como su color, la forma de la cara y de cada uno de sus rasgos, la forma de la nariz o de la boca, su tamaño, el color y forma de los dientes, el tamaño de la frente, tamaño y forma de las orejas. Si seguimos con los brazos, podremos encontrarlos largos o cortos, gordos o flacos, con manos chicas o grandes y, luego, tamaño y forma de los dedos y las uñas, situación similar en piernas y pies. Todas estas características las recibimos por herencia genética, proceso en el que no interviene —salvo algunos casos de cirugía plástica— la voluntad humana.

Podemos proseguir con las diferencias producidas voluntaria-mente por el dueño del cuerpo, si se trata de adultos, o por los que deciden sobre él, en el caso de los bebés o de niños pequeños: color y tamaño del cabello y de las uñas, presencia o no de algún tatuaje o de objetos prendidos más o menos permanentemente al cuerpo, como aretes, argollas o pulseras.

Hay otra diferencia que resulta fundamental y que tiene que ver, en parte, con la biología y, en parte, con la cultura y la historia familiar: la forma de hablar o el uso del lenguaje. Si pensamos en ello, no hay una sola persona que hable igual que otra. Podrán parecerse los modos, los tonos, podrá ser igual el idioma que utilizan pero, en conjunto, nunca será igual la forma de hablar de dos personas y esto sin tomar en cuenta los contenidos, que dependen de las órdenes que emita el cerebro a partir del deseo de cada persona. Tan clara es la diferencia en el habla que las tecnologías más avanzadas empiezan a utilizar la voz como clave de acceso —única e irrepetible— a bóvedas de seguridad, computadoras y hasta teléfonos celulares. Esta característica del individuo está llamada a sustituir algunos de los usos que hasta ahora se ha dado a las huellas dactilares, sobre todo en situaciones que requieran de la expresión de la voluntad del individuo: el lenguaje es un acto voluntario, la impresión digital no.

Incluso los gemelos llamados idénticos, porque físicamente así lo parecen, son diferentes en carácter, personalidad, opiniones y sentimientos. Aunque de chicos los vistan iguales, por su comportamiento es posible diferenciarlos. Cuando grandes, no se diga: a uno le gustarán las carreras de caballos y a otro la meditación; a uno le gustará la nieve de chocolate y a otro la de vainilla; a uno le gustarán las rubias y al otro las trigueñas, etc. De esta manera, aunque iguales en apariencia, son muy diferentes. Y eso es precisamente lo que permite que su compañía les resulte... todo lo que quieras, menos aburrida.

La cultura y el país en que nacemos hacen otra fuente de diferencias interminables. Chino o africano, español o árabe, vietnamita o argentino... nacionalidad que determina idioma, gustos culinarios, ciertas costumbres, etcétera.

También podemos considerar las enormes diferencias evidentes a causa de los afectos o sentimientos, o por cuestiones de personalidad. De tal forma, hay hombres y mujeres con sentimientos nobles, mientras otros son más egoístas o malvados, existen tímidos y extrovertidos, serios y divertidos, alegres y malhumorados, tiernos y cariñosos o distantes y fríos, atentos o distraídos, violentos o delicados, flojos o trabajadores, etcétera.

Otro gran campo que arroja diferencias sobre los seres humanos son las preferencias y gustos, que no tienen nada que ver con el carácter o la personalidad, ni con las características biológicas. En las preferencias y los gustos ponemos a funcionar la voluntad y el deseo. Somos nosotros quienes decidimos, influenciados en alguna medida por la familia y por la cultura y sociedad, pero finalmente nosotros decidimos, consciente o inconscientemente.

Una preferencia importante es la elección de profesión o actividad, o lo que se ha dado en llamar la vocación. Somos diferentes por lo que nos gusta hacer. De esta forma podemos encontrar a quien le gusta el conocimiento teórico y decide estudiar filosofía o matemáticas, por ejemplo, y a quienes les gustan más los trabajos manuales y deciden estudiar carpintería, arquitectura o cocina. Como hay también a quienes sencillamente no les gusta estudiar.

Otra diferencia que deriva del gusto es la preferencia estética: hay a quienes les gusta el mar y a otros las montañas, o quienes prefieren el estilo gótico o el churrigueresco, quienes gustan de las obras de Picasso o de Cuevas, etcétera.

La preferencia sexual nos hace diferentes y ha sido objeto de muchas discusiones: hay a quienes les gustan las personas de su mismo sexo y a quienes les gusta estar con personas de sexo diferente al suyo, como también hay a quienes les da igual y pueden estar física y emocionalmente involucrados con personas de cualquier sexo. Estas diferencias reciben su nombre: homosexuales, heterosexuales y bisexuales. Otra preferencia, ésta por el tipo de comida, nos convierte en vegetarianos o carnívoros.

Podríamos alargar esta lista muchas páginas mencionando todas las cosas que NOS HACEN DIFERENTES unos a otros. Lo que resulta importante destacar es que PRECISAMENTE EL HECHO DE NO SER IGUALES ES LO QUE NOS BRINDA LA MARAVILLOSA OPORTUNIDAD DE ELEGIR CON QUIÉN FORMAR UNA PAREJA. Pero, ¡por favor!, mantengamos las diferencias, no caigamos en la tentación de querer hacer que nuestra pareja sea idéntica a nosotros mismos.

Afortunadamente, en nuestro planeta Tierra, no hay un solo ser humano que sea idéntico a otro, lo que nos permite elegir entre una gran diversidad de personas para reunirnos de manera creativa.

EN SÍNTESIS

Valoremos la desigualdad. El ser diferentes nos proporciona la ocasión de elegir pero, sobre todo, nos da la oportunidad de compartir cosas, situaciones, experiencias, sentimientos que desconocemos o que no tenemos. Compartir la vida con nuestra pareja reconociendo las diferencias que tiene respecto a nosotros mismos nos permite gozar de una vida más plena y colmada de realizaciones y aventuras.

AZUL Y ROSA

℘l hijo de Lupe acaba de nacer y rápidamente nos llega la noticia de que fue niño, lo que nos sirve para confirmar lo que desde hace algunos meses sabíamos por aquello de los avances tecnológicos y los ultrasonidos. Pepe no cabe en sí del gusto y de emoción. Antes de que su mujer salga del quirófano, es más, antes de conocer a su hijo, ya ha corrido a comprar los puros que se acostumbran en estas ocasiones para ofrecer a los amigos o familiares que los visiten en el hospital. A su vez, parientes y amigos, para acudir a la visita de rigor, se aseguran de que realmente haya sido niño para elegir la chambrita azul con que obsequiarán a la madre del bebé.

En el otro extremo de la ciudad está naciendo el bebé de Alejandra. Pronto corre la noticia de confirmar que fue niña. Aunque Pedro esperaba en el fondo de su corazón que se hubieran equivocado los pronósticos de la tecnología moderna, espera con gusto ver a su nueva bebita y deja todo en orden en el hospital para ir a comprar los chocolates con que se acostumbra obsequiar en estas ocasiones a quienes visitan a la nueva madre. Sabiendo que fue niña, familiares y amigos se apresuran a comprar el mameluco rosa o la diademita con

flores pequeñitas que complete el guardarropa de la bebé. No falta la
tía o la abuela que se apresura a sugerir que "de una vez le hagan la
perforación en los oídos para ponerle sus aretitos".

¿Qué hace tan diferente una situación que aparentemente es la
misma? La diferencia la marca el que haya sido niño o niña el bebé
recién nacido. Azul y puros para el niño; rosa, chocolates y aretitos
para la niña. "Y de aquí p'al real", como diría mi compadre. Es decir,
a partir de ese momento, la familia y la sociedad se encargarán de seguir marcando las diferencias, para que quede clara la diferencia de
género. Porque parece que no hay cosa que ofenda más al orgulloso
padre Pepe como que confundan a Pepito con una niña, o a la or-
gullosa madre Alejandra, de que confundan a su Alejandrita con un
niño. Tenemos que hacer evidentes las diferencias ¡para que nunca
los confundan!

Con el correr de los años, las formas empleadas para marcar esta
diferencia van cambiando. Pepito juega con soldados mientras Ale lo
hace con muñecas. A ella sí le permiten llorar cuando le esconden
sus muñecas y a él le enseñan que hay que defenderse, pelear con el
amiguito que intenta quitarle sus juguetes. Pepe lleva a su hijo a las
charreadas, mientras Ale va de compras con su madre. A Pepito lo
visten con pantalones vaqueros, botas y camisa de cuadros y a Ale
con vestidos, olanes y encajes garigoleados. Ya más grandes, a Pepe
lo dejan llegar más tarde de la fiesta y a Ale "a más tardar a las once".
A Pepe se le permite fumar y a Ale no, porque "se ve muy mal en una
mujer". Si por una extraña coincidencia Pepe y Ale llegaran a hacerse novios, no faltarían los comentarios de que "Ale necesita alguien
mayorcito porque no está bien que sean de la misma edad y hasta

ella se ve más grande". Si quisieran casarse, Pepe tendría que demostrar que cuenta con un buen trabajo y la posibilidad de sostener económicamente a su futura familia y Ale tendría que esmerarse por aprender algunas de las curiosidades femeninas que son necesarias en cualquier hogar que se precie de estar habitado por una mujer, como coser, cocinar y poner cortinas en las ventanas. Cuando nacieran sus hijos dependiendo de que fueran niño o niña la historia volvería a repetirse: puros o chocolates, azul o rosa, llanto o agresividad, ternura o violencia, proveedor u hogareña, tolerancia o rigidez, etc.

Es impresionante la gran cantidad de diferencias que son señaladas en las personas tomando como base una sola evidencia biológica: el sexo. En nuestra cultura, la sociedad en general y la familia en lo particular se encargan de establecer una enorme gama de atributos que deben ser observados por las personas y que diferencian claramente si se trata de hombre o mujer. Los hombres que cumplen con dichos atributos son "verdaderos hombres" y las mujeres que hacen lo propio son dignas de llamarse "mujeres de verdad". Esto que hace "verdaderos" a hombres y a mujeres es lo que actualmente recibe el nombre de identidad de género. De modo que no se trata de cumplir solamente con el requisito biológico, sino que es necesario cumplir con requisitos sociales, culturales y de valores para establecer la masculinidad o la feminidad de las personas.

Pero, ¿a qué viene todo esto, si de lo que estamos hablando es de las parejas y del modo de ser feliz con la nuestra? Pues bien, estoy convencido de que repetidas estas diferencias de género se han convertido, en muchas ocasiones, en un estorbo para la felicidad de nuestras relaciones. Sin daos cuenta, estos valores, que en muchos casos no tienen ningún fundamento real, nos hacen comportarnos de tal manera que acabamos teniendo dificultades con nuestra pareja. Veamos un ejemplo.

A Juan le acaban de dar la noticia de que ya no tiene un lugar en la compañía donde trabaja, por lo que a partir de la próxima quincena estará desempleado. Consciente de su responsabilidad como jefe de familia, inicia la búsqueda de un nuevo empleo, pero no encuentra uno equivalente: en todos le ofrecen menos sueldo. Su esposa es profesionista, desde que eran novios, Juan le advirtió, como su padre a su vez lo había hecho con su esposa, que por ningún motivo quería que fuera a trabajar. Su lugar estaba en la casa y con los hijos. Juan se siente abrumado. A pesar de su férreo principio inculcado desde niño en el sentido de que las mujeres no debieran salir a trabajar, llega a pasarle por la mente que María bien podría trabajar medio tiempo por las tardes y él ocuparse un poco de los niños y algunas tareas de la casa. Podría ser la solución al problema. Al tiempo que vislumbra esta posibilidad, como un fantasma resiente la presencia de las lecciones de su padre y de sus hermanos mayores: el hombre debe ser el proveedor, el protector y el jefe. La mujer es hogareña, débil y sumisa. A pesar de que llega a pensarlo, el solo imaginar la escena en la que pida apoyo a su mujer para mantener a la familia le resulta aterradora. Su hombría caería por los suelos, perdería su orgullo, la imagen de proveedor, jefe y protector. La situación parece irresoluble. Por un lado, una realidad económica que es cada vez más común; por otro, una enseñanza y un valor que todavía está muy arraigado en muchas parejas. ¿Qué hacer?

El dilema de Juan obedece a ideas culturales y sociales que han sido introducidas en muchas relaciones de pareja que, en realidad, no tienen fundamento alguno. Si Juan pudiera quitarse esos lentes, que son los mismos con los que miraban sus antepasados, podría darse cuenta de que no hay nada terrible en el hecho de pedir a su mujer que busque un empleo. No sólo eso: probablemente el hacerlo supondría muchos más beneficios de los que ahora imagina. María conseguiría un trabajo, se sentiría realizada profesionalmente, obtendría reconocimiento por parte de los demás y de su propio marido, mejorarían las relaciones familiares cuando los hijos recuperaran la presencia del padre y aprendería que las mujeres sí pueden trabajar. ¡Ah!, si sólo se atrevieran a terminar con una idea que ya no tiene razón de ser en nuestros tiempos... todos serían más felices.

Hay muchas situaciones como ésta, sustentadas en creencias falsas, que se presentan en la vida de las parejas. He aquí algunas que limitan la posibilidad de ser feliz con el (la) compañero(a):

- Los hombres no deben llorar y tienen que aguantarse todo.

- El lugar de la mujer está en la casa.

- Mostrar afecto a los hijos varones los vuelve afeminados y a los papás les resta autoridad.

- Los hombres son los proveedores de la familia.

EN SÍNTESIS

La sociedad y la cultura han construido algunas creencias falsas a propósito de lo que significa ser hombre y ser mujer que desafortunadamente han afectado la relación entre las parejas. Es necesario revisar nuestras creencias al respecto, para hacer a un lado las que no correspondan a nuestra forma de ver la vida o a nuestras condiciones particulares de pareja.

ABUSO DE LAS DIFERENCIAS

*E*s bueno que no seamos iguales, pero tampoco hay que abusar de nuestras diferencias. Muchos de los problemas que tienen las parejas se deben a que alguno de sus miembros está abusando de alguna de las diferencias que tiene con su compañero(a).

Antes de continuar, creo que es importante definir lo que entendemos por "abuso de las diferencias". De manera sencilla, diré que ocurre cuando uno de los miembros de la pareja utiliza alguna de sus características de tal manera que al hacerlo inflige algún daño al otro o a sí mismo. Completo la definición diciendo que este daño puede ser físico o emocional. Veamos algunos ejemplos.

ABUSO DE LA FUERZA

Es común y puede resultar conveniente que uno de los miembros de la pareja tenga mayor fuerza que el otro. Esta característica, que en la mayoría de los casos la posee el hombre, permite brindar protección, seguridad y confianza no sólo a la pareja sino a la familia entera. Sin embargo, el abuso de esta característica provoca uno de los principales problemas que enfrentan algunas familias en la actualidad: la violencia doméstica. El abuso de la fuerza provoca daño físico y también emocional, perjudicando no sólo a la víctima sino también a quien lo provoca.

ABUSO DE ATENCIÓN Y DE CUIDADOS

Es positivo y conveniente que un miembro de la pareja se preocupe por tener atenciones y brindar apoyo a su compañero(a). Esta característica, que en nuestra cultura frecuentemente despliegan las mujeres, permite a los hombres gozar de una situación privilegiada que se traduce en tener la ropa limpia y planchada, la comida a sus horas y una casa ordenada, entre otras muchas cosas. Sin embargo, el abuso en este tipo de atenciones, que en principio constituye una virtud, provoca una situación bastante común en las parejas mexicanas: la existencia de hombres inútiles, dependientes y su contraparte, mujeres sumisas, abnegadas... y muchas veces insatisfechas.

Recuerdo una pareja que conocí hace tiempo. Él viajaba constantemente y su mujer le hacía la maleta con todo esmero y dedicación, de modo que no era sino hasta que llegaba al hotel en la ciudad de su destino que se percataba de la ropa que le habían puesto, siempre acorde a la situación y sin faltar ningún detalle (cinturón, calcetines, ropa interior, camisa, corbata, etc). Le gustaba presumir de ello porque efectivamente nunca le faltó nada. Por otros motivos tuvieron problemas como pareja y debieron separarse por un largo tiempo. En ese periodo, me tocó viajar con él y me di cuenta de la enorme dificultad que tenía para hacer correctamente su maleta. Consideraba lo fundamental pero, al llegar al hotel, se daba cuenta de que le habían faltado varios detalles, como el cepillo de dientes y el rastrillo, por ejemplo.

ABUSO DEL TRABAJO

El ser trabajador es una virtud reconocida en nuestra sociedad y en la mayoría de las culturas. Esta característica, que pueden tener por igual hombres y mujeres, puede convertirse en un problema cuando se abusa de ella. Es común que el jefe de familia —todavía es más frecuente que sea el hombre— trabaje hasta altas horas de la noche para cumplir con su responsabilidad como proveedor. Efectivamente, no debe faltar la comida, el vestido, la vivienda y los gastos para la escuela de los hijos y, sin embargo, hijos y esposa añoran tener al papá y al marido más tiempo a su lado y hasta pagarían para que así fuera. El abuso del trabajo es algo que en ocasiones afecta la relación con la pareja y también a quien abusa de él.

Generalmente, el abuso de las diferencias tiene que ver con los roles de género que comentamos anteriormente. Las ideas y creencias sobre lo que deben hacer los hombres y lo que deben hacer las mujeres es lo que frecuentemente origina que unos y otros tengan que realizar de manera exagerada alguna de sus actividades, o aplicar de una manera específica alguna de sus características.

EN SÍNTESIS

Es importante valorar las diferencias que tenemos con nuestra pareja pero igualmente importante es hacer conciencia de que el abuso puede perjudicar nuestra relación o a nosotros mismos.

PAREJAS DIFERENTES

Si reconocemos que las personas somos diferentes, también tenemos que reconocer que todas las parejas son distintas y que hay parejas que son muy diferentes a la nuestra o a la que pensamos tener.

En nuestra cultura hay un prototipo o un modelo general de pareja, al que pensamos que deben adecuarse todos los que deciden formar una. He aquí tres de las características más comunes de las parejas de nuestros tiempos:

- Están formadas por un hombre y una mujer.

- Su finalidad es la procreación y la constitución de una familia.

- El hombre es mayor en edad a la mujer (o casi de la misma edad).

Sin embargo, todos sabemos que esto no siempre es así. Veamos.

PAREJAS HOMOSEXUALES

Si hablamos de diferencias, también hay que hablar de igualdades... aunque sea un tabú. No puedo dejar de tocar este tema, pues sabemos, aunque no lo aceptamos suficientemente, de la existencia de parejas homosexuales. Y desde luego también tienen su lugar en este libro. Al inicio de este capítulo planteaba que una de las situaciones que nos hacen diferentes son los gustos o preferencias. Decía que, en este caso, se encuentran la elección vocacional, la superioridad estética y las preferencias sexuales. De acuerdo con estas últimas, se pueden encontrar personas que prefieren estar con alguien de su mismo sexo, a quienes se les llama homosexuales, trátese de hombres o de mujeres. Es decir, podemos encontrar parejas de hombres o dúos de mujeres, quienes han decidido compartir sus vidas manifestándose su mutua atracción.

A muchos podrá parecer raro, pero así es. Existen más parejas de este tipo de las que podemos imaginar. Lo que sucede es que aún son muy mal vistas en nuestra sociedad, por eso se ocultan, y rara vez son reconocidas por familiares y amigos. Por lo mismo las parejas homosexuales tienen que adecuar su relación a las condiciones familiares y sociales en que se encuentran afrontando dificultades adicionales a las que tienen las parejas heterosexuales.

La primera dificultad es aceptar personalmente que se tiene este tipo de preferencia. Todavía hay muchas personas que, reconociendo en sí mismos el gusto por personas de su propio sexo, se empeñan en cambiar o en negar su preferencia. Y todo porque ser homosexual conlleva un sinnúmero de dificultades, asociadas todas al rechazo y la no aceptación. Nuestra sociedad aún considera, como una calamidad, que en la familia haya algún homosexual. Todavía hay quienes consideran a la homosexualidad como una perversión que deberíamos erradicar. Lo cierto es que los homosexuales existen y no hay razones científicas para considerarlos anormales, enfermos o degenerados. Y si reconocemos el derecho a la preferencia sexual, de la misma manera debemos reconocer el derecho de los homosexuales a tener una pareja. Así se ha hecho, por ejemplo, en la legislación de la Ciudad de México, en donde los homosexuales pueden contraer matrimonio. Seguramente ese derecho se extenderá a otros estados del país.

Sigamos con las dificultades. En este caso, se aplican las mismas que tienen que afrontar las personas heterosexuales, sólo que hay que añadir algunas más. Si a un heterosexual le parece difícil muchas veces expresar su interés por alguien, al homosexual se le dificulta aún más, pues siempre experimenta el temor al rechazo, ya que no siempre resulta sencillo identificar a las personas por su preferencia sexual. En otras palabras, nadie trae un letrero que dice "soy gay", o "soy lesbiana", de tal forma que a un hombre que se siente atraído por otro, o a una mujer que se siente atraída por otra, le resultará difícil expresar sus sentimientos si antes no confirma por diversos medios que la otra persona es también homosexual. Al miedo al rechazo se suma, en algunas ocasiones el respeto a las preferencias sexuales de los otros.

Este tipo de parejas tienen que enfrentar también, al igual que las duplas heterosexuales, la posibilidad del fracaso, no sólo en la elección sino en la dinámica misma de la relación, en la vida cotidiana. Además, han de enfrentar una dificultad adicional: la imposibilidad de formalizar su unión porque, hasta ahora, en muchos países, las leyes civiles no contemplan este tipo de matrimonio. No es mi interés discutir aquí la conveniencia o no de que las parejas homosexuales sean legalizadas, pues finalmente el firmar un papel no garantiza el éxito de una unión. Lo menciono sólo porque el hecho de que no sean reconocidas social ni legalmente, coloca a estas parejas en una situación de mayor fragilidad respecto a las parejas "normales". De ahí la importancia de haber mencionado que en Ciudad de México ya tienen ese derecho.

Aunado a lo anterior, habría que comentar la cuestión de los hijos. Desde luego, no creo que el fin último de una pareja sea la procreación, pero sí he podido encontrar duplas homosexuales que desean tener y educar un hijo y se enfrentan a trabas legales.

Por lo demás, creo que los problemas son los mismos. Muchas veces, sean ambos hombres o mujeres, en lo cotidiano alguno(a) de ello(a)s asume el rol masculino o el femenino. No es raro ver dificultades en estas parejas por cuestiones económicas o por la distribución de las tareas domésticas, o encontrar casos de profunda abnegación que contrastan con actitudes machistas por parte del otro (sea hombre o mujer).

La diferencia de estas parejas radica en su igualdad y es necesario que aprendamos a reconocerlas.

PAREJAS SIN HIJOS

Aunque una gran mayoría de las parejas se forman con la finalidad de formar una familia mediante la procreación de uno o más hijos, tenemos que reconocer que hay parejas que de entrada no se plantean esta situación. Y muchas veces son mal vistas, o por lo menos son vistas con extrañeza. "¿Ya viste?, fulanita ya tiene tres años de casada y todavía nada de nada. A lo mejor tienen problemas. ¿O será que su marido no le quiere dar un hijo? ¡Qué raro!". O bien, "¿Te fijaste?, los vecinos ya están grandes y son unos egoístas. Sólo piensan en sus negocios y en viajar. No han traído ni una criatura al mundo". Comentarios como estos suelen estar destinados a las parejas sin hijos.

Habría que entender, sin embargo, que algunas personas deciden no tener hijos por diferentes motivos, lo que no implica que tengan que renunciar a constituir una pareja. Finalmente, tarde o temprano los hijos se van y las parejas vuelven a quedar solas.

Tal vez tendríamos que preguntaos cuántas parejas "normales" se mantienen unidas con el pretexto de los hijos, o los utilizan para no estar con la pareja. Cuando en la unión se deja claramente establecida la diferencia entre el rol de esposo(a) y el rol de padre (madre) las cosas funcionan mejor. El problema es que con frecuencia se confunde el ser buen esposo con ser buen padre, y viceversa.

Respetemos pues, a quienes deciden compartir su vida con la persona que aman sin necesidad de procrear.

PAREJAS DE EDADES DIFERENTES

Esta situación también es más común de lo que imaginamos. Con mucha frecuencia encontramos parejas en las que existe una gran diferencia de edad entre sus miembros (comúnmente, él es mucho mayor que ella) y escuchamos comentarios como los siguientes: "mira al abuelito, se casó con quien podría ser su hija". O, refiriéndose a ella: "al cabo que le va a durar poco y se quedará con todo su dinero". Nos cuesta trabajo comprender que el amor no tiene edad y que es perfectamente válido estar juntos, si se aman, aunque parezca que es por poco tiempo.

Otra situación, tal vez menos frecuente que la anterior, pero que también ocurre, es cuando ella es mucho mayor que el marido. Los comentarios pueden ser más hirientes: "como tiene dinero, se consiguió quién le haga sus favores en la cama". O, refiriéndose a él: "se la anda padroteando". Hay prejuicios que nos llevan a hacer comentarios que no tienen ningún fundamento.

EN SÍNTESIS

No todas las parejas son iguales. Queramos o no, el amor y el afecto se da también entre personas del mismo sexo y de edades muy diferentes. También se vale formar una pareja sin tener hijos. Respetemos el derecho que todos tienen a ser felices aunque no piensen igual a como yo pienso. Respetemos las diferencias.

INTERCAMBIO DE DIFERENCIAS

*E*stamos en condiciones de decir que lo que se da en una relación de pareja es un verdadero intercambio de diferencias. No se trata, pues, de que seamos iguales, pues eso resultaría sumamente aburrido. Ni se trata de que abusemos de nuestras diferencias, pues resultará agresivo para el otro o para nosotros mismos. De lo que se trata es de que nos relacionemos, en un ambiente de respeto y comunicación, con la persona que amamos, con todo lo positivo y negativo que tenemos.

Se trata de un intercambio de diferencias que permita a los miembros de la pareja crecer como individuos y lograr un enriquecimiento mutuo a través de la comunicación y del respeto.

Se oye muy bonito pero, ¡qué difícil es lograrlo! Sin embargo, ahí está la clave del éxito de las parejas. Vayamos desmenuzando cada una de las partes de la afirmación anterior, con el único propósito de entender mejor qué se busca.

En primer lugar, se trata de un **intercambio,** es decir, de una aportación mutua, de ida y vuelta, de aquí para allá, pero también de allá para acá. No se vale que sólo sea en un sentido pues dejaría de ser *inter*cambio.

Yo te doy y tú me das, yo aporto y tú aportas; no en el sentido comercial sino en un sentido de equidad, como condición para que el intercambio siga dándose. Si la aportación siempre es en un solo sentido, tarde o temprano se agota. Nadie tiene lo suficiente para dar todo el tiempo sin recibir. Hasta la mujer más abnegada del mundo dejará de atender a su marido si no percibe aunque sea un mínimo de reconocimiento por sus atenciones. *Yo tengo lista la comida a mediodía y lo seguiré haciendo con gusto si...*

Aquí viene la otra parte. ¿Qué es lo que vamos a intercambiar? La respuesta es: **diferencias.** No se trata de intercambiar cosas iguales sino diferentes. Es decir, no se trata de intercambiar comida por comida, dinero por dinero, trabajo por trabajo, sonrisa por sonrisa, etc. Sería una relación muy mercantilista que a nadie le gustaría. "Te sirvo de comer hoy, si tú me sirves de comer mañana; te doy dinero para la luz, si tú me das dinero para la gasolina; te invito a desayunar a un restaurante, pero cada quien paga la mitad; si te di el saludo en la mañana, a ti te toca a mediodía; hoy inicié las caricias, mañana te toca a ti". ¡No, por favor! ¡No se trata de eso!

Intercambiemos diferencias, tal y como somos, pues a fin de cuentas así nos gustamos. "Yo tengo lista la comida a mediodía y lo seguiré haciendo con gusto si veo que te la comes saboreándola y me dices que te agrada. Seguiré haciéndolo con gusto si veo que eso te permite regresar con ánimos al trabajo y seguir trayendo el dinero que requiere la familia". "Con gusto te platico mis problemas si me escuchas y esperas otra ocasión para platicarme los tuyos". "Con gusto voy a trabajar porque sé que mis hijos están bien bajo tu cuidado." Creo que de esto se trata, de intercambiar diferencias, no lo mismo por lo mismo. El intercambio de valores iguales se da en el mercado y en los negocios, nunca en una relación de pareja ni en el seno de una familia.

Vayamos a la siguiente parte. ¿Para qué sirve el intercambio de diferencias? De acuerdo con mi afirmación, el intercambio de diferencias sirve para que los miembros de la pareja puedan **crecer como individuos.** Efectivamente, no tendría ningún sentido el intercambio de diferencias que se da en la pareja si con ello no se obtiene el crecimiento de quienes la integran. El crecimiento de una persona implica ser mejor cada vez, superar algunas limitaciones, corregir algunos errores, darse cuenta de actitudes y conductas que afectan negativamente a los otros y a sí mismo y hacer lo necesario para cambiar.

Sólo que no se trata de cambiar solos. Conozco muchas parejas donde el crecimiento de uno (que en realidad es aparente) se da a costa del estancamiento (que en ocasiones también es aparente) del otro. No se busca tampoco que cada quien "jale para su lado". De lo que se trata es de que se dé un **enriquecimiento mutuo** que permita a ambos crecer y desarrollarse compartiendo los éxitos y las realizaciones y aprendiendo juntos de los fracasos.

Para lograr lo anterior, es necesario que en la pareja existan dos elementos fundamentales: **comunicación y respeto.** Es imposible crecer juntos si no se comunican sus descubrimientos y sus frustraciones, sus logros y sus fracasos. La comunicación genera crecimiento pues implica **tomar conciencia** de lo que hacemos y tenemos. Al comunicarnos, logramos mayor conciencia y permitimos que nuestra pareja nos retroalimente y tome a su vez lo que le pueda servir para sus propio desarrollo. El respeto permite un ambiente sano de tolerancia y comprensión, aceptar que las cosas no tienen que ser como nosotros pensamos y entender que nuestra pareja también tiene sus errores y limitaciones. La comunicación y el respeto son ingredientes fundamentales para abonar el camino del éxito en la pareja.

EN SÍNTESIS

En pocas palabras de lo que se trata es de que la convivencia con nuestra pareja no signifique "hacemos la vida de cuadritos" —como luego se dice—, sino que nos permita crecer y desarrollarnos como individuos en un enriquecimiento mutuo, compartiendo nuestras diferencias en un ambiente de comunicación y respeto.

¡GRACIAS POR LA DIFERENCIA!

Espero que ahora todos coincidamos en agradecer que seamos diferentes a nuestra pareja y que no intentemos transformarla a nuestro antojo. Ojalá recuerdes lo que aquí has leído cuando te sorprendas diciendo frases como "es que no hace lo que yo le digo", "es tan diferente a mí", "creí que pensábamos igual", "pensé que éramos más parecidos", "es tan diferente a mi familia", o algunas otras lindezas por el estilo.

Recordemos la historia de Narciso, personaje de la mitología griega que murió ahogado, enamorado de sí mismo, intentando poseer su propia imagen reflejada en el agua de un lago.

SEXUALIDAD Y EROTISMO

CAPÍTULO 4

DE ESO NO SE HABLA

*U*n maestro en un taller sobre sexualidad al que tuve oportunidad de asistir mencionó: "la sexualidad no se toca porque nos toca". Me parece una frase muy apropiada para iniciar este capítulo.

La sexualidad, en nuestra sociedad, es un tema tabú porque al hablar de ella nos sentimos afectados de una u otra manera. "Nos toca", por eso no se toca el tema. Sin embargo, estoy convencido de que un libro que trate sobre la felicidad de las parejas y no toque el tema de la sexualidad sería un libro incompleto. No podemos dejar de hablar de ella. Y voy a hacerlo. Espero que me acompañen. Les aseguro que no se van a arrepentir. Es más lo que pueden ganar y no tienen nada que perder. O sí, el miedo a gozar. ¡Amárrense el cinturón de castidad —perdón, de seguridad— y dispónganse a disfrutar de una hermosa aventura. Vamos!

Recuerdo la letra de una canción que se refiere a la forma como educamos a nuestros niños. Una de sus partes se refiere a todas las prohibiciones con que los llenamos a diario y dice: "niño, eso no se dice, eso no se hace, eso no se toca", refiriéndose esta última negativa a los genitales. Efectivamente, es muy común escuchar en nuestros hogares frases como ésta: "muchacho cochino, quítese la mano de ahí" y, de ese modo, aprendemos desde niños a asociar sexualidad con algo "malo" y "sucio".

Es claro que las cosas están cambiando sobre el tema. Sin embargo, estoy seguro de que muchas de las parejas que ahora tienen hijos o varios años de estar juntos, escucharon en su propia infancia este tipo de mandatos y crecieron considerando a la sexualidad como un tabú del que mejor no había que hablar. Muchos de los problemas actuales de las parejas tienen que ver precisamente con la sexualidad. No podría ser de otra manera, porque es inevitable que se convierta en problema algo de lo que no se habla. Para eso este capítulo. Voy a escribir y tú a leer sobre este aspecto del que casi nunca hablamos y, cuando lo hacemos, a menudo lo desvirtuamos porque carecemos de información.

Creo que valdría la pena empezar por aclarar lo que entendemos por sexualidad. Desde luego, al oír la palabra, inmediatamente la relacionamos con los genitales, esas partes del cuerpo que nos hacen diferentes a hombres y mujeres. Ésta es la explicación biológica. Inmediatamente también, al oír *sexualidad,* pensamos en reproducción, en el funcionamiento de los órganos sexuales, que sirven para tener hijos. Y, como para ello se requiere, casi siempre, de dos personas, también pensamos en afecto y amor. Si no somos ni pensamos tan paternal o maternalmente, es posible que asociemos *sexualidad* con placer; también con prohibición, culpa y pecado. Pocas palabras en nuestro lenguaje tienen tantos significados y tantas implicaciones.

Precisamente por ser tan amplia y tener tantas implicaciones, es que la sexualidad resulta tan importante para la vida de las parejas. Recuerdo que hace muchos años, poco antes de casarme, un sacerdote, de esos que no son nada tradicionales y que había estudiado y vivido mucho, me dijo que la sexualidad es el termómetro que indica cómo anda la relación de pareja. En ese momento no comprendí plenamente el significado de sus palabras. Lo he hecho con el correr del tiempo.

EN SÍNTESIS

Te invito a que revisemos lo que pensamos y lo que hacemos con nuestra sexualidad y la manera como la vivimos con nuestra pareja. Es más importante de lo que imaginamos. No es un elemento más: constituye uno de lo aspectos más importantes de nuestra vida y de nuestra relación de pareja.

HACERLO O NO HACERLO

Cuando conocemos a alguien que nos gusta, nos sentimos atraídos hacia él o ella y tenemos ganas de estar a su lado. Una vez superados los primeros obstáculos, formalizamos la relación y nos empezamos a sentir realmente a gusto cuando estamos con nuestra pareja. Tan a gusto que tarde o temprano llegamos a preguntarnos: "¿qué onda, lo hacemos o no?".

Esta pregunta, que ahora es formulada entre los jóvenes con tanta naturalidad, nuestros abuelos o bisabuelos no se daban siquiera el lujo de pensarlo. Las relaciones sexuales eran "de uso exclusivo de los casados" y era algo que nadie se atrevía a cuestionar... aunque en algunas ocasiones ocurriera. Pero no era lo común.

La vida moderna, el desarrollo de la tecnología, los medios de comunicación, el desarrollo cultural, entre otros fenómenos, han influido para que la mentalidad de muchos jóvenes cambie en forma sustantiva respecto a la sexualidad. Ahora vemos a muchachos de secundaria hablando libremente sobre el tema y ejerciendo, en muchas ocasiones, su sexualidad; es cierto que, además, cuentan con mucha más información de la que los adultos llegamos a imaginaos.

Por las razones que sean, el hecho es que actualmente, con mucha frecuencia, las jóvenes parejas de enamorados se plantean frecuentemente esta pregunta: ¿hacerlo o no hacerlo? Nunca una pareja de jóvenes me ha pedido consejo sobre este tema, pero si alguna vez lo hicieran les diría más o menos lo siguiente:

- Se trata de una decisión personal, que sólo tiene que ver con la pareja. Ojo: con la pareja. No se trata de que la decisión la tome sólo uno de los dos y "agandalle", como dicen ahora. Es decir, sería muy afortunado que la decisión fuera conjunta, tomada entre ambos.

- Qué bueno que se estén planteando la pregunta es decir, que se den la oportunidad de decidir, porque en una gran mayoría de casos los jóvenes tienen relaciones sexuales porque "les ganaron las ganas" o porque las circunstancias se presentaron y "...pues, bueno", sin haber tenido la mínima conciencia de lo que estaban haciendo.

- Es importante que tengan suficiente información sobre los riesgos del contacto sexual: el embarazo y las enfermedades de transmisión sexual. El embarazo es un riesgo entre los jóvenes adolescentes, como producto de su primera relación sexual; de ese modo, es el origen de muchas situaciones disfuncionales en el desarrollo de la pareja, de las familias y de los niños. ¡No se diga las enfermedades de transmisión sexual! El VIH-SIDA se ha propagado de manera alarmante y un descuido puede provocar la muerte. No se expongan. Aprendan a usar correctamente los preservativos (o condones).

• Y, sobre todo, háganle caso a su corazón y a sus sentimientos. No permitan que mande sólo la hormona y el instinto, o las ganas. Las relaciones sexuales son mucho más que el contacto físico, tienen que ver también con los sentimientos y con los afectos, con las creencias y con los valores. En asuntos del corazón y de la moral, sólo ustedes mandan.

• Ahora que, si realmente los veo muy chavos y faltos de información, les diría que no se quieran comer el mundo de un bocado, que piensen bien las cosas y se den la oportunidad de vivir esta primera experiencia en las mejores condiciones.

Después de esto los felicitaría por haber dejado de ser niños y haber comenzado a incursionar en el mundo de las responsabilidades. También les desearía suerte, cualquiera que sea la decisión que tomen.

Un último comentario. Tener relaciones sexuales con la pareja antes del matrimonio no implica necesariamente comprometerse para toda la vida. El matrimonio es otra cosa. La virginidad (de hombres y mujeres) es algo muy personal. No se entrega a otro ni implica tampoco la pérdida de ningún atributo. Tener relaciones sexuales fuera del matrimonio no nos hace seres inferiores o de segunda, ni da al otro ningún derecho sobre nosotros mismos.

EN SÍNTESIS

Tener relaciones sexuales antes del matrimonio es una decisión muy importante y muy personal, que sólo tiene que ver con la pareja. Lo deseable es que la decisión sea tomada contando con la mayor información posible y con plena conciencia de sus posibles consecuencias.

EROTISMO CONTRA GENITALIDAD

*M*uchos de nosotros tenemos —o tuvimos en un momento— la idea de que la sexualidad sólo tiene que ver con los genitales. Esta situación se da porque durante mucho tiempo se pensó que el único fin de las relaciones sexuales era la de tener hijos y la única manera que en aquel entonces se conocía para que esto sucediera era mediante la unión física de los genitales de un hombre con los de una mujer.

Aunque las cosas han cambiado y el avance científico y tecnológico ha abierto la posibilidad de procrear sin la necesidad del contacto genital —la inseminación artificial y la fecundación *in vitro* son posibilidades reales ahora—, muchas personas tienen la idea de que la única forma de expresar nuestra sexualidad es a través del contacto genital. Aunque en alguna dimensión esto es correcto, no lo es sólo más que en esa medida.

Me explico. Si el fin de las relaciones sexuales no es únicamente el de tener hijos y se practican también para experimentar el placer de estar íntimamente con nuestra pareja, no encuentro razón alguna para pensar que la única manera de sentir placer sea a través del contacto entre los genitales. Puede sentirse sin que necesariamente haya contacto genital, penetración o coito. Esto es algo que las parejas olvidan frecuentemente y es motivo de muchas diferencias y conflictos. Escuchemos algunas conversaciones.

María se queja amargamente con su hermana: "fíjate, manita, que algo me está pasando con Francisco. Antes sí me gustaba estar con él pero últimamente como que ya no me dan ganas, lo siento muy violento y luego quiere conmigo, tú me entiendes, sin tener ningún detalle nomás a lo que le interesa".

En un café, Rosario confiesa a su mejor amiga: "no sé si te pase a ti con Alfredo, pero a mí me molesta que Ricardo —y conste que sí lo quiero— me presiona mucho para que todos los días tenga relaciones con él. Sí me gusta, pero quisiera que fuera más tierno, no tan brusco, y luego se molesta porque quiero platicar y él no".

Juanita, recién casada y confundida, pregunta a su hermana mayor: "no sé si a ti te pasa, pero cuando estoy con Juan, como que le cuesta mucho trabajo entrar y a mí me duele. Y luego que termina, yo me quedo con ganas y me da coraje porque luego él se duerme. ¿Es normal?"

En un restaurante ya con algunas copas encima, Rocío, envalentonada reta a su prima a ponerse de acuerdo para enfrentar a sus respectivos maridos: "te propongo que nos pongamos en huelga. Nada de nada hasta que no nos inviten al cine, o a cenar, luego a bailar y, entonces sí, porque estoy harta de que nomás cuando Javier quiere y como él quiere".

Todas estas situaciones, que se repiten a diario y son mucho más frecuentes de lo que nuestro amor propio de hombres nos gustaría reconocer, son producto de una falsa creencia muy extendida en nuestro país: que la sexualidad implica penetración y que la eyaculación es el objetivo final de tener relaciones sexuales.

Aquí sí, ¡ni modo, compadres!, los que cargarnos con la mayor responsabilidad somos los hombres. ¿O se imaginan las conversaciones anteriores realizándose entre varones, los representantes del "sexo fuerte"? No sé si es por naturaleza, pero las mujeres son más sensibles y requieren más tiempo y detalles para disfrutar de la sexualidad. Y la verdad es que también nosotros, si nos lo proponemos. ¿Cuál es la clave? La clave está en **hacer nuestras relaciones más eróticas y menos genitales.** He aquí algunas recomendaciones prácticas.

Daos el tiempo necesario para estar con nuestra pareja. La expresión de la sexualidad y del erotismo no se puede dar con prisas (o por lo menos no siempre). No debemos dejar que la rutina diaria nos gane. El trabajo, el cansancio, las presiones económicas, los hijos, son los peores enemigos de nuestro erotismo. Hacer el amor no puede convertirse en "una actividad más del día". Si han llegado a eso más vale que revisen su relación de pareja porque, desde luego, algo anda mal.

Utilizar todos los recursos que nos ofrece nuestro cuerpo. No sólo con los genitales se hace el amor. Nuestro cuerpo es un precioso instrumento con el que contamos para sentir y hacer sentir bien a nuestra pareja y a nosotros mismos. A veces parece que se nos olvida que tenemos cinco sentidos y sólo utilizamos uno, el tacto, y ni siquiera lo utilizamos completamente. ¿Qué le parece si, la próxima vez que esté con su pareja, la(o) sorprende acariciándole con mucha ternura los brazos por ejemplo, o los codos, o los pies con mucha suavidad, tocando cada uno de los dedos como si fueran hermosas perlas o diamantes? ¿Se dedica suficiente tiempo a recorrer con calma cada tramo de su espalda, o pantorrillas, deteniéndose en las rodillas? Primero con las yemas de los dedos, después suavemente con los labios. ¿No le parece excitante y podría borrar esa imagen bien ganada de que lo único que le interesa es obtener su propio placer y terminar lo más pronto posible?

Recuperar el valor y el poder de la palabra. Muchas veces olvidamos que el gusto por nuestra pareja va más allá de su cuerpo o de la belleza de sus facciones. Nos queremos y nos gustamos por lo que somos. ¡Démonos la oportunidad de volver a escucharnos y de recordar lo que sentimos! Estoy seguro de que a todas las parejas les interesaría saber cómo se siente su compañero(a), o qué es lo que piensa sobre tal o cual cosa. ¿No será, acaso, muy importante escuchar lo que imagina sobre nosotros mismos, y decirle lo que pensamos de él o ella? ¿O, quizá, platicar cómo nos sentimos en la relación? Aunque la plática parezca, en un principio, tomar un rumbo difícil por estaos diciendo cosas que podrían parecer incómodas —porque se trata de decir la verdad y no fingir—, les aseguro que, si existe voluntad de escucharnos —y no sólo de oírnos—, acabaremos sintiéndonos bien y habremos abonado el camino para tener un contacto sexual mucho más placentero. Estaremos haciendo el amor realmente con nuestra pareja, no con el hombre que llega cansado de trabajar, o con la mujer que se pasó el día arreglando la casa y cuidando a los niños. ¡Hablemos. Comuniquemos a nuestro(a) compañero(a) los asuntos que nos preocupan y nuestros sentimientos. Cultivemos una actitud de escucha! Las ideas y las palabras de nues-

SEXUALIDAD Y EROTISMO 113

tra pareja pueden convertirse en las más hermosas caricias si sabemos escucharlas.

Preparar un ambiente propicio. Ya comenté lo peligroso que es la rutina para el placer y, desde luego, para el amor. No sólo hay que daos tiempo para estar con nuestra pareja sino que hay que saber preparar las condiciones propicias para hacerlo. De vez en cuando sírvanse un par de copas de vino blanco —o tequila, según las preferencias—, un racimo de uvas, unas rebanadas de queso, velas encendidas, nuestra música preferida. En lugar del vaso de leche, el plato de frijoles con quesadillas, a la luz de la cocina, los gritos de los niños y el ruido de la televisión. Se trata de romper la rutina y hacer de ese momento algo especial.

Sorprender a la pareja: cambiar de lugar. Algo que definitivamente resulta siempre grato y halagador es sorprender a la pareja cambiando el lugar en el que tradicionalmente hacen el amor. En una pareja con hijos —aunque a veces también ocurre a las parejas jóvenes que aún no los tienen—, todo está organizado para que su intimidad tenga lugar en la habitación, en la cama específicamente. Déjame decirte que esto no tiene por qué ser así. Puede que sea más cómodo pero no necesariamente es lo más placentero y ni el mejor lugar para propiciar la intimidad completa, afectiva, la que se da cuando se "encuentran las almas, más que los cuerpos" (de esto trataré más adelante). Dicho esto, lo demás corre a cuenta de tu imaginación, de tu astucia y de tus posibilidades económicas: en el asiento trasero del carro, en la cocina, en el sillón de la sala o del estudio, en el cuarto de un hotel, en el campo, en el baño de un restaurante y todos los demás lugares que se te puedan ocurrir. Te aseguro que no te arrepentirás.

Ahora recuerdo una noticia que recientemente apareció en los periódicos. A un hombre muy rico se le ocurrió halagar a su pareja organizándole una cena —sólo para los dos— nada más y nada menos que en la plataforma superior de la Pirámide del Sol, en la zona arqueológica de Teotihuacán. Trasladó, por helicóptero, velas, música de cuerdas, los mejores vinos y platillos... tú y yo podemos opinar cualquier cosa al respecto, pero estoy seguro que para ella constituyó una experiencia sorprendente. El periódico no daba cuenta de lo que ocurrió más tarde, después de la cena. Seguramente en el trayecto de regreso algo bueno se les habrá ocurrido. Desde luego pocos se pueden dar esos lujos pero, en cambio, sin gastar tanto dinero, también se te ocurrirá hacer algo sorprendente. Empieza hoy mismo a hacer planes.

EN SÍNTESIS

¡Echemos a volar la imaginación! Hacer el amor es mucho más que un intercambio entre genitales. Tenemos muchos recursos a nuestro alcance para hacer de la compañía con nuestra pareja un momento inolvidable en cada ocasión. La rutina es el peor enemigo del placer. Disfrutemos a nuestra pareja.

COMO ERES TE COMPORTAS

*E*sta frase, que en general tiene gran validez, adquiere mucha más significación en el caso de nuestro comportamiento sexual. Autores que han estudiado a fondo esta cuestión señalan que el actuar de las personas en su vida sexual refleja la verdadera personalidad del individuo. Otra manera de expresarlo es que en el ejercicio de nuestra sexualidad surge "nuestro verdadero yo", o nos desnudamos no sólo el cuerpo sino también el alma.

Visto así, resulta por demás interesante analizar cómo somos en la cama y comparar este comportamiento con el que mantenemos en el resto de nuestras actividades. Tal vez resultes sorprendido. Si encuentras diferencias, no dudes en aceptar que tu verdadera personalidad es la que manifiestas en la intimidad. ¿Listo para hacer el ejercicio? Aquí va un ejemplo para que te des una idea. A ti te corresponde hacer tu propio análisis.

Alejandro es un exitoso profesionista que trabaja en una empresa y ha logrado a lo largo de su carrera un reconocimiento que le ha permitido no sólo mantener a su familia sino sentirse personalmente realizado. Es meticuloso en su trabajo cuidando siempre los detalles para que todo salga bien y se mantiene alerta para adelantarse a cualquier eventualidad que ponga en riesgo el buen desempeño de sus responsabilidades. Sin embargo, esta actitud —que le ha dado tantos motivos de satisfacción a su esposa y a sus hijos— no es reconocida por él mismo y, aunque sabe que es responsable y trabajador, Alejandro no acaba de creer en sus capacidades. En su casa las cosas no le funcionan tan bien. Es buen padre y nunca falta el respeto a su mujer pero, lo que en la oficina es orden y previsión, en la casa se convierte justo en lo contrario: con frecuencia se le olvida cobrar su sueldo y se retrasa en el pago de las colegiaturas, se olvida pagar la luz o el teléfono y sólo se acuerda cuando cortan el servicio... no es por falta de dinero sino por descuido. No tiene previsión para nada, o por casi nada. Olvida prever los pagos de impuestos anuales y a última hora está teniendo dificultades para reunir la cantidad que de otra manera hubiera sido fácilmente acumulable. Y así por el estilo: olvida cambiar los focos fundidos, arreglar la plancha (o recogerla, pues tiene tres meses en el taller), arreglar la puerta de la cocina, llevar al veterinario a la perrita de la casa, etc. Un sinnúmero de detalles tontos que cotidianamente son motivo de conflicto con su esposa, quien se cansa de recordárselos todos los días y que amenazan con deteriorar realmente la relación. A lo que sigue la pregunta: "¿cómo es posible que en la oficina seas tan ordenado y previsor y en la casa un desastre?" Él mismo no se lo explica y ambos se han preguntado cuál es su verdadera personalidad.

Todo esto —y lo que faltó por detallar— ocurre durante el día y la mayoría de las noches. Sin embargo, en algunas ocasiones, en general la noche de los viernes, cuando se han acostado los niños y la calma invade el ambiente de la casa y de la habitación, ocurre algo especial. Alejandro cierra las cortinas del cuarto y para cuando Rebeca, su mujer, sale del baño después de realizar el acostumbrado ritual previo a acostarse, sobre el buró, a un lado de la cama, está prendida una vela y el cuarto está aromatizado por un agradable olor a incienso. Los detalles de lo que sigue no pueden escribirse aquí. Sólo diré que Rebeca olvida todas las imperfecciones de su marido cuando advierte, en aquellas noches especiales, la habitación convertida en santuario marital, ningún detalle ha sido olvidado ni antes ni después... Todo lo realizó con el meticuloso empeño que suele faltar en las actividades diurnas hogareñas. Antes de dormir, reposados y plenamente satisfechos, marido y mujer confirman, en los hechos, la verdadera personalidad de Alejandro.

VEAMOS OTRA HISTORIA

*R*aquel es una mujer joven y guapa que se ocupa el día de atender a sus pequeños gemelos. El marido también trabaja todo el día y difícilmente se entera de todas las peripecias que Raquel tiene que realizar para tener la casa en orden, la comida preparada, la ropa limpia y planchada los niños atendidos. Desde antes de salir a trabajar, Saúl, el también joven y guapo marido, tiene que escuchar la lista de recomendaciones de su mujer, quien se cansa de insistir en que le ayude "aunque sea con la compra de las cosas del súper". Las quejas y reproches están a la orden del día al grado que Saúl, en muchas ocasiones, prefiere retrasar su llegada a casa para no escuchar la lista de recriminaciones de su cansada mujer, a quien apenas le alcanza el tiempo para quitarse la bata de dormir a mediodía y ponerse unos pants aguados y una camiseta holgada que la haga sentir por lo menos un poquito cómoda. Los vecinos que los ven no dudan en afirmar que esa relación es un desastre. Saúl opina lo contrario, aunque a veces le cuesta trabajo. Sabe que, atrás de la mujer que sale a abrirle la puerta sin maquillar, existe una persona inteligente e interesante, profesionista, con quien ha compartido muchas cosas, entre ellas las que están viviendo justo ahora y que están poniendo a prueba su relación. Tiene motivos para pensarlo. Los cinco años de relación (dos como novios) le han confirmado que Raquel no es la persona sumisa y abnegada que aparenta ser durante el día. Los cinco años de relación y las innumerables noches de relaciones en las que sólo ellos saben lo que ocurre.

Estos son sólo dos ejemplos que nos permiten ilustrar el hecho de que la verdadera personalidad se expresa en la intimidad. A ti te corresponde realizar tus propias reflexiones. ¿Tranquilo o violento, tolerante o incomprensivo, frío o romántico? Sólo tú y tu pareja pueden saberlo.

EN SÍNTESIS

Nuestro comportamiento sexual es la expresión de las características más profundas de nuestra personalidad. No lo que expresamos afuera. Por algo el dicho popular reza así: "caras vemos...". ¿Cuál es tu verdadera cara? Comparte estas reflexiones con tu pareja.

NO ES LO MISMO JUGAR
AL SOLITARIO

Con frecuencia, los problemas de la vida cotidiana nos hacen olvidar que el amor se hace entre dos. Es posible que te apresures a exclamar: "¡pero si es lógico! No hay nada más evidente, ¿cómo se le puede ocurrir a alguien que no sea así?". Efectivamente, esta afirmación parece absurda por resultar tan positiva. Sólo a mí se me puede ocurrir dudar de que alguien piense que se puede hacer el amor sin que haya dos personas, es un hecho tan elemental.

Sin embargo, con mucha más frecuencia de la que podemos imaginar, se presentan situaciones en las cuales, al hacer el amor, realmente no estamos con nuestra pareja. No me refiero a que estemos pensando en otra persona, lo que desde luego es algo que también puede ocurrir. A lo que me refiero es a que nuestra mente anda rondando por otros lugares o por algún recoveco de nuestra propia vida, de tal modo que descuidamos lo que siente o piensa nuestra pareja.

Esta situación, cuando se presenta regularmente, llega a producir fastidio e insatisfacción y, en consecuencia, el contacto sexual se convierte en motivo de disgustos y alejamiento de la pareja en vez de producir cercanía y constituir algo placentero. Volvamos a escuchar comentarios entre amigos y familiares.

Raúl comenta con su compañero de oficina en el bar en el que acostumbran terminar los viernes de quincena: "últimamente cuando estoy con mi mujer la siento muy distante, como que anda en otro lado. Sí es cariñosa y me complace, pero no la siento cerca".

Edith conversa con sus amigas, una de las tardes de jueves de jugada: "quién sabe qué le pasó ayer a mi marido, pero hasta envidia les va a dar, estuvo como nunca, además de que lo sentí muy cerca y muy apapachador. Hacía mucho que no estaba así".

Rosaura, con pocos meses de casada, recuerda con añoranza en su diario íntimo: "las cosas no son igual con Javier. Después de siete meses no sé muy bien con quién me casé. Ya no es el mismo. Ahora parece un desconocido. No sé realmente quién es. No habla de nada, todo el tiempo está callado y cuando hacemos el amor como que está, pero sin estar. Voy a hablar con él porque no aguanto esto".

Estas situaciones, ilustradas con los comentarios de Raúl y de Rosaura, nos indican que sí es posible hacer el amor a solas". Desde luego, cuando ocurre nos damos cuenta, pero cuando deja de ocurrir también, como le ocurrió a Edith, que se sorprendió al darse cuenta de que su marido podía ser de otra manera.

Creo que es muy importante estar pendiente para identificar cuando esto esté ocurriendo en nuestra relación porque, de lo contrario, la distancia entre los miembros de la pareja cada vez se irá haciendo más grande y cuando nos demos cuenta estaremos en una situación difícil, que puede ir desde el malestar continuo y la insatisfacción hasta la infidelidad, pasando por la agresión, el desánimo y la depresión.

No es raro que este distanciamiento en la pareja se convierta en el origen de algunas disfunciones sexuales, como es el caso de la frigidez, la impotencia o la eyaculación precoz. Efectivamente, salvo raros casos en los que se pueda detectar una causa fisiológica a estos padecimientos, la mayoría tienen su explicación en la forma como nos acercamos a nuestra pareja, tanto física como emocionalmente.

Si volvemos a los ejemplos anteriores y sacamos la bola de cristal, quizá veamos a Juanita, la recién casada que confiaba a su hermana mayor sus primeras experiencias sexuales, pensando que es frígida, pues la rapidez con que actúa su poco hábil marido nunca provocó en ella un orgasmo. Y a Raúl, el afligido marido que relataba a su amigo en el bar que sentía distante a su mujer, experimentando impotencia sexual.

No resulta extraño que el cansado marido, que llega por la noche a su casa cargando los problemas de la oficina y no logra pensar en otra cosa, no pueda evitar "terminar" antes que su esposa, deseoso como está de dormir y de olvidarse por unas horas de sus abrumadores problemas. En esos casos, cuando no se trata de problemas fisiológicos, la disfunción resulta de una forma de hacer el amor, de actitudes y de comportamientos. Por ello, cuando se presentan disfunciones sexuales en la pareja, es importante indagar si se trata de un problema de "torpezas compartidas". Aprende a evitarlas. Infórmate y actúa. Tienes mucho que ganar.

EN SÍNTESIS

No es lo mismo **hacer el amor con la pareja** que tener relaciones sexuales. Lo primero implica **estar** con
la persona que amamos. El contacto sexual puede
tenerse en solitario. El juego no es el mismo. Vale la
pena esforzarnos para disfrutar al máximo de nuestra
relación.

¡CUIDEMOS NUESTRO CUERPO!

Nuestro cuerpo es el templo de la sexualidad y del erotismo. El espacio donde ocurre la maravillosa experiencia de compartir el placer y de generar nuevas vidas. Nuestro cuerpo es el instrumento del que nos ha dotado la naturaleza para expresarnos en todos los sentidos —y con todos los sentidos— y para experimentar la expresión de otros cuerpos. La vida entera, las experiencias vitales atraviesan nuestro cuerpo. El cuerpo es nuestro: lo único realmente nuestro. Cuando decidimos tener una relación con otra persona, lo que decidimos es compartir nuestros cuerpos y podemos expresarnos a través de ellos: la palabra, los afectos y sentimientos, las miradas, la escucha, el contacto físico, los olores y los gustos. Cuando queremos a alguien, aceptamos compartirnos, es decir, dar también al otro lo que somos y tenemos.

Suena un poco filosófico pero así es. No podríamos imaginar siquiera vivir con otra persona si no tuviéramos un cuerpo. ¿Verdad que no? Entonces, *por favor, cuidemos nuestro cuerpo*. Nunca se busca que luzcamos como las estatuas griegas o que nos la pasemos todo el día en el gimnasio o haciendo ejercicio. No se trata, entendámoslo bien, de un asunto de estética, de que nos veamos bien y bonitos. La meta es que estemos y nos sintamos bien con nosotros mismos. En esa medida estaremos en las mejores condiciones para compartir, lo que finalmente es el propósito de las parejas: compartir.

Hay muchas maneras de cuidar nuestro cuerpo, y ese no es el tema de este libro. Sin embargo, me gustaría sugerirte algunos aspectos que hay que tomar en cuenta en la vida de pareja, ciertos cuidados que requieren de la participación de ambos, o por lo menos de que se acompañen mutuamente.

Un primer cuidado que hay que tener es la prevención de las infecciones de transmisión sexual, entre las que se encuentra una que es mortal: el VIH-SIDA. Cada pareja tiene su propia moral, valores y costumbres. Más allá, hay que tomar en cuenta que con la vida no se juega. Por eso estoy convencido de que cada pareja tiene que responsabilizarse de elaborar conjuntamente un código de ética y de comportamiento compartido, que le permita disfrutar de sus relaciones sexuales con la confianza y seguridad de que no existirá riesgo de contagio. Cada pareja determinará cómo hacerlo, pero es necesario hacerlo, de preferencia juntos. No dejes que el conformismo, el descuido o la desinformación acaben con tu vida y con la de tu compañero(a).

El avance de la ciencia médica ofrece actualmente la oportunidad de detectar, con suficiente anticipación para su oportuno tratamiento, la aparición del cáncer cérvico uterino; en los senos (en el caso de las mujeres) y en la próstata (en el caso de los hombres). En estos tres tipos de cáncer, que pueden ser mortales, está presente el aspecto de la sexualidad y el erotismo, o el aspecto de la reproducción. Por tanto, son situaciones que tienen que ver la pareja. En muchas ocasiones pensamos que los cuidados de los órganos reproductores de las mujeres son "cosa de mujeres" y que lo de la próstata es "cosa de hombres". En principio, la responsabilidad del cuidado del cuerpo es de uno mismo, pero hay que tomar en cuenta que muchas mujeres sienten mayor seguridad cuando asisten a este tipo de análisis en compañía de su pareja y que muchos hombres no revisan la condición de su próstata (de su cuerpo en general), sino bajo la presión y la insistencia de su compañera. Desde luego, son situaciones que hay que ir modificando y de las cuales tenemos que estar alertas.

Hace unos meses recibí en mi correo electrónico un mensaje de una organización no gubernamental que promueve las relaciones igualitarias entre las personas. Personalmente me conmovió mucho y creo que vale la pena compartirlo:

Un señor de alrededor de cincuenta años entró discretamente a un café y se sentó a una mesa desocupada. Antes de hacer su pedido no pudo dejar de notar a un grupo de hombres más jóvenes sentados en una mesa cercana. Se estaban riendo. Y le resultó obvio que se estaban riendo y burlando de él. No tardó demasiado en recordar que llevaba puesto un pequeño lazo rosado colocado sobre la solapa de su chaqueta y que éste era el motivo de las risas.

Al principio los ignoró, pero las risas comenzaban a irritarlo. Miró a uno de ellos, señaló su lazo y preguntó:

—¿Esto te causa gracia?

Con eso, los hombres se miraron entre sí, desconcertados. Aún tratando de contener la risa, uno de ellos le contestó:

—No lo tomes a mal. Sólo comentábamos lo lindo que te queda el moño rosado con ese saco azul—

Con un gesto amistoso, el señor invitó al bromista a sentarse a su mesa. Incómodo como estaba, el joven aceptó, sin saber bien para qué. Con voz suave muy calmada, el señor le explicó:

—Llevo puesto este lazo rosado para alertar a todos sobre el cáncer de mama. Lo llevo puesto en honor a mi madre.

—Oh, perdón. ¿Tu madre murió de cáncer de mama?

—No, no está muerta. Felizmente está viva y muy bien de salud. Pero fueron sus senos los que me alimentaron cuando era un bebé. Y en sus senos fue donde descansó mi cabeza cuando estaba atemorizado o triste cuando era un niño pequeño. Estoy muy agradecido por los senos de mi madre y por la salud de la que goza hoy.

—Uuuuum —contestó el joven—, claro.

—También llevo puesto este lazo rosado en honor a mi esposa —siguió el señor.

—¿Ella también está bien? —preguntó el muchacho.

—Oh, sí. Ella está perfecta. Y con sus senos alimentó y nutrió a nuestra hermosa hija hace veintitrés años. Estoy muy agradecido por los senos de mi esposa y por su buena salud.

—Entiendo. Así que supongo que también lo llevas puesto en honor a tu hija.

—No. Ya no puedo llevarlo puesto en honor a mi hija, para eso es tarde. Ella falleció de cáncer de mama hace un mes. Ella creyó que era demasiado joven para tener cáncer de mama. Así que cuando casualmente se notó un bulto, lo ignoró. Ella pensó que como no le causaba dolor, no había nada de qué preocuparse.

Ahora, abatido y avergonzado, el joven le dijo, acongojado:

—Oh señor, ¡cuánto lo siento!...

—Por eso, en memoria de mi hija, también llevo puesto este pequeño lazo rosado, porque me permite otorgarle a otros una oportunidad la cual ya no tengo. Así que ahora anda y conversa esto con tu esposa y tu hija, tu madre, tu hermana y tus amigos. Y toma.

El señor metió su mano en el bolsillo y sacó, otro pequeño lazo rosado y se lo entregó al hombre joven.

El muchacho contempló el lazo que le fue entregado y levantando su cabeza preguntó al señor:

—¿Me ayudas a ponérmelo?

Si eres mujer, visita regularmente a tu médico, aprende a revisarte sola y practícate una mamografía por año si tienes más de cuarenta. Si eres hombre, no descuides a las mujeres que amas y recuérdales con frecuencia la importancia de cuidarse. Creo que esto vale para todas las enfermedades que pueden ser curables cuando son detectadas oportunamente.

Hay otros cuidados del cuerpo que no son tan alarmantes pero sí importantes. Como dije al inicio de este apartado, nuestro cuerpo es el templo de la sexualidad y el erotismo, entonces, en la medida en que lo mantengamos en las mejores condiciones, mejores también serán nuestras expresiones eróticas y sexuales. De nuevo vale la expresión: no se busca que seamos unos monumentos, se trata simplemente de que nos sintamos bien con nuestro cuerpo, a gusto, que nunca nos dé pena ni nos avergoncemos de él. Un poco de ejercicio diario —que, por cierto, podemos practicar con nuestra pareja— y una alimentación adecuada, acompañada de una actitud de respeto hacia uno mismo y hacia los demás, son las mejores condiciones de una relación sana y placentera con nuestro(a) compañero(a).

EN SÍNTESIS

Es importante el cuidado de nuestro cuerpo. Un poco de atención diaria, prevenir las enfermedades más comunes y asumir una actitud responsable en el ejercicio de nuestra sexualidad nos permitirá disfrutar más de la vida y de nuestra pareja. Hagámoslo. ¡Nunca es tarde para empezar!

EL TERCERO
EN LA PAREJA

CAPÍTULO 5

CUANDO UNO MÁS UNO
NO ES IGUAL A DOS

Hay situaciones en las que las matemáticas, o la simple aritmética, suelen no ser exactas. Una de ellas es el caso de las parejas, muy frecuente por cierto, en las que su relación se ve "invadida" —con o sin su consentimiento— por una tercera persona.

Cada quien puede imaginar lo que quiera. Esa tercera persona puede ser un fantasma que a veces adquiere el rostro de un rival imaginario en escenas de celos y desconfianza —con o sin fundamento—. Puede ser la familia política o la suegra. O bien, los "invasores" pueden ser los propios hijos. Incluso, lo que interfiere puede ser el trabajo, la oficina o el taller. Personas o situaciones que parecen competir por la atención o el afecto de alguno de los miembros (o de ambos) de la pareja. En todos estos casos, alguien o algo interfiere en la relación y se producen situaciones que afectan su buena marcha.

Esta cuestión no es sencilla. Cuando dos personas se conocen y deciden formalizar una relación, cada una de ellas ya trae muchas situaciones vividas y se han formado cada una su propio carácter, sus creencias, influenciadas obviamente por su familia y por sus relaciones anteriores entre otras cosas. Todos tienen una larga historia tras de sí —algunos más larga que otros— que lo quieran o no estarán presentes en su relación. Por eso decimos que cuando en la luna de miel llegamos al hotel a deshacer maletas siempre llevamos una adicional, que no queremos abrir y que no necesariamente trae ropa. Todos llegamos a una relación con esa maleta hecha, que contiene nuestra propia historia; una que con frecuencia nosotros mismos no nos la hemos contado o no hemos revisado suficientemente. Es una maleta que contiene asuntos que a lo largo de la relación van saliendo de su lugar —en ocasiones sorprendiendo a nuestra pareja y hasta a nosotros mismos—. Es una maleta llena de sorpresas que tarde o temprano tiene que abrirse y que al hacerlo compartimos con nuestra pareja **todo** lo que somos.

Esa maleta se ha venido llenando con los años y la propia relación se encarga también de ir completando, traemos asuntos que no hemos acabado de resolver y que pueden afectar el curso de nuestra relación. Permitir que terceras personas "invadan" nuestra relación es una cuestión que tiene que ver con estos asuntos inconclusos que traemos en nuestra "maleta de la vida".

O quiere decir que las cosas tienen que ser así y que no podemos hacer nada por evitarlo. Hay personas —tú no desde luego— que piensan que las condiciones en las que se desenvuelve su relación son algo que ya no se puede modificar, algo que tiene que ver con el destino en una situación en la que están atrapados irremediablemente. Los dichos populares dicen que sólo la muerte no tiene remedio y aún así hay muchos quienes creen que no es así. Yo estoy convencido de que **todos tenemos la capacidad de modificar la situación en que vivimos con nuestra pareja.** Sobre todo cuando lo que nos afecta puede realmente poner en peligro nuestra relación.

¡Sí! La presencia de terceras personas en medio de nuestra relación puede ponerla en peligro. Puede ser más grave de lo que muchas veces nos imaginamos. Todas las expresiones que presento enseguida son muy comunes y deben motivar nuestra alerta.

- "Mi hijo de tres años duerme con nosotros. Vieras qué rico se siente."

- "Nos fuimos a vivir con mis suegros mientras acabamos de construir la casa."

- "Como murió mi suegro, la mamá de Jorge se vino a vivir a nuestra casa. Ni modo que se quedara sola."

- "Me voy con mi mamá cada vez que mi marido sale de viaje".

- "Como trabajamos los dos, comemos a veces en casa de mis papás y a veces en la casa de los papás de Juan. A mí no me da tiempo de cocinar."

- "Mi marido es muy responsable. Trabaja todo el día."

¿Te parecen conocidas estas situaciones? ¿Estás en alguna de ellas o conoces a alguien que lo esté? ¡Cuidado! Es necesario sacar las antenas y analizar bien la situación. Pueden estar perjudicando la relación con tu pareja.

EN SÍNTESIS

En algún momento la relación con nuestra pareja puede verse "invadida" por terceras personas, a pesar de nosotros mismos y en ocasiones con nuestro propio consentimiento. ¡Cuidado con estas situaciones! Pueden realmente perjudicarnos. Estemos alerta y sobre todo hagamos lo necesario para cambiar. ¡Sí se puede!

LA FAMILIA EXTENSA

Es común escuchar a las jóvenes parejas referirse como "su familia" a la integrada por sus papás y sus hermanos. Esto no es extraño y resulta por lo demás comprensible. Sin embargo, en ocasiones escuchamos a parejas con diez años de casados y cuatro hijos haciendo la misma referencia. Me pregunto: ¿cuál es la familia de Juan, que tiene trece años de casado con Eugenia y con quien ha procreado tres hermosos hijos: Juan Francisco de doce años · que está a punto de entrar a la secundaria; María Eugenia de diez años que pasó a quinto y es la estrella en el equipo de natación de la escuela y Juan Ramón de cuatro años que va en kínder y tiene la enorme virtud de fascinar a sus padres con sus enormes ocurrencias. Repito la pregunta: ¿cuál es la familia de Juan, la que acabo de describir o la que está formada por su padre que enviudó hace dos años y vive con su hermano mayor y sus otros tres hermanos, todos casados y con hijos, dispersos en ciudades del interior de la República y uno de ellos en los Estados Unidos? Creo que la familia de Juan es la primera, la suya, la que le ha costado tanto trabajo formar y mantenerla en armonía. La otra es la familia de sus papás, que igual o más trabajo les costó formar y de la que tuvieron muchísimas satisfacciones. Esa es la familia de sus papás, de la que él forma parte, de la que es un integrante, entre todos los que la conforman. Pero *su* familia, la de él, es sin duda la que está construyendo con Eugenia, su esposa.

Esto que parece muy sencillo al escucharlo en la práctica resulta a veces muy difícil de entender. Creo que a todos en algún momento se nos han "cruzado los cables", como comúnmente se dice. Nos confundimos respecto a cuál es nuestra familia cuando en alguna ocasión nos hemos sorprendido diciendo frases de reclamo como las siguientes:

- "Si por lo menos trataras mejor a mi familia."

- "Es que en realidad tú no entiendes a mi familia."

- "Qué te parecería si yo tratara a tu familia como tú lo haces con la mía."

Reclamos que, por otro lado, se tornan infantiles y que por su generalización rayan en el absurdo. En realidad a lo que se refieren es al trato con alguno de sus papás, con alguno de sus hermanos o tal vez con algún primo o tío. Aunque llegue a suceder, es muy extraño que en realidad se tenga una actitud de hostilidad hacia todos los miembros de la familia de donde procede nuestra pareja.

Aclarada esta situación, analicemos ahora hasta qué punto la "intromisión" de los miembros de la enorme familia de la que forma parte nuestro(a) compañero(a) puede afectar nuestra relación. Veamos un ejemplo.

Alicia y Ernesto tienen ocho años de casados, dos hijos y un sinnúmero de problemas. Alicia está molesta permanentemente con su
marido, porque desde que se casaron el papá de Ernesto, "que es un
maleducado y además alcohólico" —según palabras de Alicia—, se
la ha pasado haciéndola menos, y nunca le ha reconocido a su marido los bienes a los que tiene derecho, "pues la casa en la que vivían
le corresponde por derecho a Ernesto". El enojo y el rencor hacen a
Alicia padecer malos momentos y no la dejan ver todo lo que tiene
con su marido. En una ocasión Alicia y Ernesto, platicando con Jorge, un amigo, sacan a relucir este problema, pero al responder a sus
preguntas y atender sus señalamientos se dan cuenta de que en realidad entre ellos, como pareja y como familia, no tienen ningún problema. Es más, muchas mujeres desearían tener una familia como la
de Alicia. Dentro de la sencillez, Ernesto tiene un trabajo digno que
le permite cubrir las principales necesidades de su familia, es responsable y colabora en las tareas domésticas, es un buen padre y no tiene
ningún tipo de vicios: ni vino, ni mujeres. Poco a poco, al platicar
con Jorge su situación, Alicia se da cuenta de que en realidad es que
el enojo está motivado por la actitud de su suegro y la de alguno de
sus cuñados (que tiene que ver con su propia historia familiar), le ha
estado "envenenando" toda su relación y no le permite disfrutarla.
El acuerdo al que llegan es el de evitar al máximo estar en reuniones
familiares en las que haya consumo de alcohol y no entrarle más al
pleito por las propiedades, pleito que por cierto está ganado de an-
temano. Alicia y Ernesto están ahora en condiciones de disfrutar y
hacerse cargo de *su* familia.

OTRO CASO

María Eugenia visita cada dos o tres meses a sus papás que viven solos en el interior del país. Acompañada de su esposo y de su único hijo suelen quedarse en la habitación que era de ella mientras fue niña y vivió con ellos. Con frecuencia sus visitas coinciden también con la de alguna de sus hermanas que con sus respectivas familias llegan también a casa de sus padres. En una ocasión, María Eugenia se encontró con la sorpresa de que la habitación que normalmente ocupaba, estaba ocupada por una de sus hermanas. Fue motivo de pleito familiar, pues ella reivindicaba su derecho sobre aquella habitación que era la suya. Al comprender que ya no era más de ella y que en realidad sus papás podían disponer a su antojo con esa casa que solo a ellos pertenecía, María Eugenia dejó de intervenir en los pleitos que como pareja tenían sus papás y se dio cuenta de que ella tenía su propia familia que atender. Cada cosa y cada situación quedaron ubicadas en su lugar.

EN SÍNTESIS

Es muy fácil que nosotros mismos nos involucremos, e involucremos a nuestra familia, en situaciones familiares que nada tienen que ver con nuestra relación y nuestros hijos. Poner cada cosa en su lugar nos permitirá tener claridad y, si es necesario, intervenir con mayor efectividad, sin poner en riesgo la estabilidad de nuestra propia familia.

COMPARTIENDO LOS ESPACIOS

*T*al vez sea un fenómeno cultural, lo cierto es que en nuestro país es muy frecuente encontrar familias compartiendo la misma casa con otras familias o con algunos miembros de otra familia. Las razones son muy variadas. Una casa matea muy grande, tan grande que "para qué pagan renta, aquí les dejo dos cuartos", un gran terreno con varios departamentos "uno para cada uno de mis hijos, para que no anden batallando por allá quién sabe dónde", la muerte natural del suegro y entonces la afligida madre que trae a vivir a su hijo menor con su incipiente familia y él acepta "para que no esté sola mi mamá y nos ayude con el niño", un tío que vino a trabajar a la ciudad y que "mientras puede quedarse en el cuarto que está solo, para que no pague hotel", o la cuñada con dos hijos, que se fue el marido "para el otro lado y pues mejor vente con nosotros para que no estés sola". Lo cierto es que, sea la razón que fuere, en muchas de nuestras familias es: frecuente que viva "alguien más" con nosotros, o que nosotros vivamos en otra casa "con alguien más".

Muchas veces ni cuenta nos damos y, cuando menos lo esperamos, ya lleva nuestra suegra tres años viviendo con nosotros, o llevamos año y medio en casa de los papás de Juan "en lo que ter- minamos la construcción". Cuando nos damos cuenta es porque los problemas con nuestra propia pareja ya están a la orden del día:

- "No entiendo por qué tu mamá tiene que estarme haciendo sentir a cada rato que no sirvo para educar a mis hijos."

- "Me pregunto si alguna vez podrás tratar a mi mamá de tal manera que no se sienta que nos está estorbando."

- "Estoy hasta la coronilla de que tus hermanas dejen sus trapos sucios en nuestro cuarto."

- "Es cierto que estamos de arrimados pero no tienen por qué hacérnoslo ver todos los días. Ya se les ofrecerá, malagradeci- dos, y tú también por no defendeos."

Todos estos argumentos que suelen estar en el centro de muchos conflictos conyugales aparecen como perfectamente válidos. ¿A quién le va a gustar que se estén metiendo en sus asuntos, o que ofendan a sus seres queridos? Desde luego que a nadie. Sin embargo, habría que reconocer también que todas estas situaciones, en las que el co- mún denominador es el que se comparte el mismo lugar para vivir pueden verse desde una perspectiva diferente a la nuestra y com- prender la molestia del otro. Como yo ahora no sufro las molestias de "tener que vivir con alguien", fácilmente me puedo poner "del otro lado" y hablar por ellos:

- "Desde que mi nuera está conmigo, me doy cuenta de que cada vez más seguido les grita a mis nietos sin tener mayor motivo. No quiero interferir en su educación pero hay ocasiones en que no puedo evitarlo. A fin de cuentas son mis nietos."

- "De verdad que quiero mucho a tu mamá, pero en cada ocasión que puedo estar contigo a solas se le ofrece algo. Por más que quiero no puedo dejar de sentir coraje."

- "¡A ver cuándo se va mi hermanita con su esposo de la casa y me dejan libre el cuarto que era mío! Ya estoy harta de tener que compartir el cuarto con mi hermana."

- "Llevan año y medio en la casa y no son ni para traer un litro de leche o ayudar con el quehacer. ¡Se pasan!"

Como podrán ver, esta es la otra cara de la misma moneda, y los argumentos parecen igualmente válidos. La verdad es que ambos puntos de vista tienen su propia validez y un observador neutral tendría problemas para otorgar la razón completa a alguna de las partes. Tanta razón tiene la afligida esposa en quejarse de la ropa que la cuñada deja en su cuarto, como ésta de querer recuperar el espacio perdido.

De esta manera podríamos seguir enumerando un sin fin de situaciones en donde todos y ninguno podrían tener la razón absoluta. ¿Qué hacer? ¿Por dónde está la salida?

Estoy convencido de que lo que está en juego en este tipo de situaciones es una cuestión de "espacios". Tanto en el sentido literal de espacios físicos, como en el sentido simbólico de "tener nuestro propio lugar". En ambos sentidos, es muy importante que caigamos en la cuenta que de la misma manera como exigimos que respeten nuestros espacios, de la misma forma tendremos que respetar los espacios de los otros. Es algo que cuesta trabajo ver, pero que resulta fundamental para encontrar el equilibrio en situaciones que de pronto se nos presentan como un callejón sin salida. De lo que se trata es de tener la capacidad de ver más allá de lo que estamos acostumbrados a ver. Se trata de echar un vistazo a "nuestra maleta personal de asuntos inconclusos" y moveos un poco del lugar desde donde acostumbramos mirar.

Pongamos un ejemplo para que nos quede más claro este asunto.

Desde que murió su madre, Josefina aceptó, con la complacencia de Ramiro su esposo, llevar a vivir a su padre con ellos.

Ninguno de sus otros hermanos quiso hacerlo, argumentando diferentes motivos. Josefina se sintió comprometida a dar cobijo a su papá, quien consideró la situación como lo más natural del mundo. Don Ramón es una persona mayor acostumbrado, como la mayoría de los señores de su edad, a ser atendido por las mujeres e incapaz de valerse por sí mismo en las cuestiones cotidianas. Su esposa, que en paz descanse, siempre le tuvo lista la comida y la ropa, de tal forma que al irse a vivir a casa de su hija consideró lo más normal el que ahora ella, Josefina, continuara con las mismas atenciones que le prodigó en vida su mujer.

Durante las primeras semanas todo marchaba bien. El estudio de la casa se acondicionó como recámara "para que don Ramón no tuviera que subir y bajar escaleras" y los nietos, a la postre dos vivaces adolescentes de 14 y 16 años disfrutaban las largas horas de plática en las que su abuelo les narraba sus aventuras como ferrocarrilero en las rutas más difíciles del país. Ramiro compartió con su suegro algunos de los vinos de mesa que estaban destinados para "ocasiones especiales" y sin duda alguna disfrutó también y aprendió de las experiencias que don Ramón le platicaba. Por su parte, Josefina entre la pena de haber perdido a su madre y el gusto de tener en casa a su papá, encontraba consuelo en preparar por las tardes los postres y platillos preferidos de don Ramón, utilizando las mismas recetas que había aprendido de su madre. Don Ramón lo agradecía y no se cansaba de decir ante propios y extraños que con Josefina y Ramiro tenía todo lo que podía necesitar en esa difícil etapa por la que estaba pasando. Todo marchaba sobre ruedas, todo parecía ir muy bien, hasta que...

Después de tres meses don Ramón cayó en la cuenta de que Josefina ya no le hacía "el arroz con leche que todos los jueves le preparaba" y que "habían dejado de juntar las natas de la leche para su desayuno". Además "sus nietos se encerraban en su cuarto" cuando él quería platicar con ellos y Ramiro definitivamente empezó a dar muestras de que don Ramón "le estorbaba". Josefina, cansada del quehacer incrementado desde la llegada de su padre, recriminaba a Ramiro no tener una lavadora automática y un horno de microondas, quien a su vez hacía todo lo posible por llegar lo más tarde a su casa "para no tener que aguantar las impertinencias de mi suegro y las exigencias de mi mujer". Los nietos simplemente se dedicaron a hacer sus cosas, sus escuelas, sus amigos y cada vez destinaban menos tiempo a compartir "las mismas historias de siempre del abuelo".

En esta larga historia de lamentos todos parecían tener la razón. Lo cierto también era que Josefina y Ramiro empezaron a tener problemas, no solo entre ellos sino que también con sus hijos, lo que no había ocurrido en los dieciocho años que llevaban de casados. Y lo peor del caso era que don Ramón no estaba conforme y cada vez demandaba más atenciones que "su nueva familia" no estaba en condiciones de ofrecerle.

"¿Qué hacer? ¿Cuál podría ser la salida?" Estas y otras preguntas se hizo varias veces Ramiro, pues se daba cuenta de que algo no andaba bien. No tenía una claridad completa respecto a la situación en que se encontraba su familia, pero en el fondo alcanzaba a percibir que desde que su suegro había quedado viudo las cosas con su esposa habían cambiado. Desde luego tenía que ver con la muerte de la mamá de Josefina y con el dolor que podía haberle producido esa fuerte pérdida.

Así un buen día, Ramiro decidió invitar a su esposa a tomar un café a un lugar tranquilo y sin mayores rodeos comentó lo que pensaba que estaba ocurriendo dando muchas explicaciones y detallando varias situaciones. Como Ramiro abrió el camino y Josefina sintió un ambiente propicio, no tuvo dificultad en decir claramente lo que pensaba: en realidad estaba harta, pero HARTA de tener que estar atendiendo a su papá, a su marido y a sus atenidos hijos. Era la única mujer en la casa y se sentía realmente como si fuera la sirvienta. Después de decir esto lloró, lloró y lloró lo que no había podido hacer desde la muerte de su madre, y junto con Ramiro se dio cuenta de lo realmente cansada que estaba y que ya no estaba dispuesta a seguir aguantando más. Se dio cuenta de que el trabajo en la casa lo estaba tomando con verdadera obsesión como una manera de ocultar el dolor por la muerte de su madre. Su papá era un buen pretexto, pero ya no estaba dispuesta. Ramiro por su parte reconoció que se había estado alejando de la situación en vez de ayudar a Josefina a enfrentarla y que en realidad la había dejado sola con el paquete. La plática se alargó más de lo que estaba previsto.

Poco a poco, sin darse cuenta, Josefina y Ramiro fueron llegando a la conclusión de que sus problemas habían comenzado a raíz de la muerte de su madre y suegra respectivamente. Eso nadie podía evitarlo. Lo que sí podían cambiar era la situación que se había generado a partir de tan lamentable acontecimiento.

Cuando Ramiro empezó a tratar el tema de la estancia de don Ramón en su casa, Josefina brincó un poco de la silla. Lo sintió primero como una agresión hacia ella misma, pero la tranquilidad y objetividad con que Ramiro abordaba el asunto la hizo analizar fríamente la situación. La conclusión fue compartida por ambos: ya nadie estaba a gusto en la casa. Se supone que la pareja y los hijos estaban haciendo lo posible para que don Ramón estuviera contento, pero lo cierto es que no lo habían logrado, ocasionando al mismo tiempo su propio malestar. Don Ramón se sentía fuera de lugar, como si estuviera estorbando y los anfitriones se sentían como invadidos por un intruso que cada día se volvía más exigente.

Cuando le hicieron la propuesta, don Ramón se indignó e intentó chantajear a su hija y yerno: "en realidad lo que quieren es deshacerse de mí. Me dejarán botado en la casa para ancianos y no me volverán a ver. Así pagaban todas las atenciones que él había tenido para con ellos a lo largo de su vida. En realidad eran unos mal agradecidos...".

Josefina y Ramiro se mantuvieron firmes. A la siguiente semana todo estaba arreglado para llevar a don Ramón a su nuevo hogar. Los primeros días fueron difíciles pero no pasaron más de tres semanas cuando, en una de las visitas que a diario hacía a su padre, don Ramón le confió a su hija, casi en secreto y con un poco de pena: "Fíjate que tengo novia. ¿Te acuerdas que te platiqué de Pinita? Pues me dijo que sí...". Al final de lo cual esbozó una sonrisa maliciosa que invadió de ternura a Josefina. Por la noche lo platicó con Ramiro y con sus hijos. Todos coincidieron en que había sido la mejor solución. Don Ramón estaba feliz, ahora sí con su nueva familia... y ellos también.

Acabaron de convencerse de lo acertado de su decisión cuando el domingo, al final de la visita familiar, de manera ceremoniosa don Ramón pidió la atención de todos y con amabilidad les dijo que no quería que se molestaran de estar visitándolo tan seguido y que si no se ofendían prefería que si algo necesitaba, él les avisaría. Con la visita dominical era suficiente.

Después de un tiempo Josefina comprendió que en su decisión de traer a vivir a su padre a la casa estaba mezclada su fantasía de tener cerca al padre que no lo había estado cuando ella era niña y que con la muerte de su madre esa necesidad se había incrementado. El costo de mantener esta fantasía pudo haber sido muy grande. Afortunadamente abrió su "maleta de la infancia" a tiempo y pudo contar con el apoyo de su marido... apoyo que de nada habría servido si ella no hubiera enfrentado, como lo hizo, la decisión de crecer y hacerse cargo de su propia vida.

EN SÍNTESIS

Muchas veces permitimos que familiares cercanos vengan a vivir a nuestra casa, o por diferentes motivos nosotros mismos vamos a vivir a casa de algún familiar. ¡Cuidado! Podríamos estar sacrificando nuestra relación de pareja a cambio de alguna comodidad (comodidad de no tener que decir que no, o comodidad de querer que otros nos resuelvan algún problema), lo que en el fondo significa no querer haceos cargo de nuestras cosas permitiendo que otros las hagan por nosotros, o dejando de hacer las nuestras por hacer las de otros.

"NIÑOS: PROHIBIDA LA ENTRADA"

A muchos les parecerá un poco drástico, pero creo que tenemos que reconocer que con mucha más frecuencia de lo que nos imaginamos nuestros propios hijos constituyen un poderoso enemigo de nuestra relación de pareja. Que quede bien claro: no estoy diciendo que no queramos a nuestros hijos o que ellos malévolamente quieran destruir la relación que tenemos con nuestro cónyuge. De ninguna manera. Sin embargo, lo que sí afirmo es que en muchas ocasiones nosotros mismos permitimos que nuestros queridos y adorados pequeños —que a veces ya no están tan pequeños— se inmiscuyan o interfieran en nuestra relación de pareja. Esto ocurre, como muchas cosas en nuestra vida, sin que nos demos cuenta, pero si dejamos pasar las cosas los problemas pueden hacerse grandes y más difícil será encontrarles solución. Por eso me atrevo a decir: ¡¡cuidado con los niños!!

En el transcurso de mi práctica profesional me he encontrado con muchos casos de parejas que sin saberlo y sin darse cuenta están utilizando a sus hijos:

a) Como un escudo para defenderse de su cónyuge.

b) Como un arma para agredirlo(a).

c) O simplemente para no tener nada que ver con él (o ella).

Ejemplos de este tipo de situaciones hay muchos. Estoy seguro que todos conocemos alguna pareja donde los hijos juegan un papel más importante de lo que debieran en la vida conyugal de sus padres. Por lo mismo, no quiero aburrirlos con largas historias que de seguro resultarán por demás familiares. Me limitaré a presentar las situaciones más comunes; cada quien tome la que le toque.

Situación A

Un hijo de cuatro años que continúa durmiendo en la misma recámara que sus padres. Hasta los tres años lo hizo en la misma cama, en medio de ellos "para que no se caiga", pero "como ya está grandecito pues lo pusimos en su propia cama pero a un lado de la nuestra para estar más tranquilos". ¿Les parece conocida esta situación? Pues esto que parece tan natural y que se repite día a día en nuestras familias tiene importantes consecuencias que pueden convertirse en graves consecuencias si no ponemos orden. Las consecuencias pueden ser algunas de las siguientes:

• Una pareja con largos periodos de abstinencia sexual "porque ni modo de hacerlo con el niño a un lado", o bien, con relaciones poco satisfactorias "porque ni modo de hacer mucho escándalo, que tal si el niño se despierta". Obviamente una pareja que no tiene bien resuelta su vida sexual es una pareja con problemas.

- Un niño temeroso que no puede despegarse en ningún momento de sus padres —"es que no me deja ni siquiera para ir al baño"—, sumamente exigente hacia los padres —"es que a este niño no lo complacemos con nada y desde luego "berrinchudo", donde se vuelven más grandes los berrinches conforme aumenta la edad.

- Un hermano mayor enojado con los papás ("no sé qué tiene este niño que no nos obedece nada de lo que le pedimos") y agresivo con el hermano pequeño que aprovecha cualquier descuido de los padres para romperle el juguete preferido o hacerlo tropezar mientras camina. En pocas palabras, enojado con toda la familia por la injusticia que están cometiendo contra él al no permitirle dormir, como los demás, en la misma recámara.

En esta situación, la pareja en cuestión tendría que preguntarse cuál es el verdadero temor pero de ellos, pues están utilizando a su hijo de cuatro años para ocultar un problema de fondo entre ellos. Si no se dan cuenta pronto de ello y no enfrentan la situación, los problemas se pueden ir haciendo más grandes, y en todo momento estarán inventando pretextos para no estar solos. Los hijos y ellos mismos, desde luego, saldrán perdiendo.

Situación B

Pareja con veinte años de matrimonio. Hace dos años ella se da cuenta de que su marido le es infiel y en lugar de enfrentar el problema directamente establece una "alianza" con su hija única de dieciocho años y se la pasa quejándose —sin hacer nada— de "cuán ingrato es Roberto con *nosotras* por hacernos esa vil canallada". Desde luego, la infidelidad fue ocasional pero la señora X "no se lo puede perdonar" y ha logrado tener de su lado a la hija "en esta causa por la dignidad de las mujeres".

Aquí la situación es más que evidente. La esposa, incapaz de poder —o querer —resolver un problema con su marido, utiliza a la hija para refugiarse en ella y sentir respaldo para enfrentar al "ingrato" marido. Las consecuencias se han empezado a manifestar:

- Desde luego, un matrimonio que va en picada, pues todo lo que se esfuerce el infiel marido por demostrar que fue solo una vez y que nunca más ha vuelto a ocurrir, resultará insuficiente para saciar las ansias de venganza de la sufrida esposa. Además, cualquier detalle que tenga hacia ella podrá interpretarse como un intento por "que se me olvide la canallada que me hiciste".

- Por consiguiente, una hija con problemas para establecer relaciones de noviazgo duraderas "porque todos los hombres son iguales", que además sufre todos los días por no poder acercarse cariñosa a su padre por el temor al enfado de la madre que podría interpretarlo como una "ruptura de la alianza".

- Un padre que ve cómo poco a poco va perdiendo a su mujer y a su hija, pero además creyendo que se lo merece "por haber sido tan ruin".

Ante una situación de este tipo me pregunto: ¿no sería más conveniente que los esposos resolvieran sus problemas entre ellos mismos y se abstuvieran de involucrar a la hija en un asunto que desde luego no le corresponde tratar?

EN SÍNTESIS

Nos cuesta trabajo comprender que los problemas de la pareja son de la pareja y no de los hijos. Mucho menos se vale utilizarlos como escudo o como arma. Los hijos siempre saldrán perdiendo y nosotros no resolveremos el problema. Mejor asumamos lo que nos corresponde asumir y no le demos vuelta a los problemas. ¡Enfrentémoslos directamente! Si sirve de recordatorio, pongamos en la puerta de nuestra recámara un letrero que diga lo siguiente: "niños: prohibida la entrada".

CUANDO EL INTRUSO VIENE DE FUERA

*H*asta ahora nos hemos referido a personas cercanas a nosotros mismos, que son de nuestra familia y que de una u otra manera les dejamos que interfieran en nuestra relación de pareja. Sin embargo, hay situaciones en las que el intruso es un desconocido y viene de fuera. Lo que tiene en común con las situaciones descritas anteriormente, es que también, aunque no nos demos cuenta, nosotros mismos permitimos que este nuevo intruso intervenga en nuestra relación. Nos referimos, efectivamente, a situaciones en las que uno de los miembros de la pareja —o incluso los dos— por una u otra razón, recurren a una tercera persona para encontrar lo que con su pareja han dejado de tener. A esta situación comúnmente se le conoce como *infidelidad*.

"¡Nunca pensé que pudiera hacerme esto!" Con esta frase suelen iniciar muchas de las conversaciones entre amigas, una de las cuales muestra dolor y lágrimas porque su marido le ha sido infiel, una situación mucho más frecuente de lo que la sociedad está dispuesta a reconocer.

Efectivamente. Si la prostitución está reconocida como el oficio más antiguo del mundo, la infidelidad parece ir asociada con esta condición humana que fue motivo de uno de los principales mandatos religiosos: "no desearás a la mujer —¿o al hombre?— de tu prójimo". A pesar de que el problema sea tan añejo, estoy convencido de que aún no hemos acabado de entenderlo en sus justos términos y todavía es un fenómeno lleno de tabúes y del que carecemos de mucha información.

¿Por qué se da la infidelidad? ¿Quién es el (o la) responsable? ¿En qué situaciones se presenta? Más que exponer una teoría, te invito a que nos acerquemos a la siguiente historia. La historia de Patricia y José Manuel.

Se casaron hace once años. Han engendrado dos hijos varones y padecen, como muchas parejas, las consecuencias de la crisis económica del país. Ella es enfermera y él no terminó la carrera de ingeniero civil. Tienen tres taxis que dan a trabajar para ir sacando lo necesario para pagar deudas que se han ido acumulando. El sueldo fijo de ella —más de lo que él obtiene de los taxis permite pagar la renta y comprar la comida, además de poder llenar cada quince días el tanque de gasolina de la camioneta que lograron pasar del otro lado y que maneja ella para llevar y traer a los niños de la escuela. Por más que le ha buscado, él no logra obtener un empleo fijo y cada intento de negocio que emprende le sale mal. Ella, como va pudiendo, vende ropa que trae "del otro lado" entre sus amigas y participa en algunas tandas, con lo que obtiene apenas lo necesario para comprar

cada seis meses zapatos a los chavos y al final del año, con el aguinal-
do, se renuevan parcialmente los cajones de camisetas y pantalones.

En pocas palabras: ni para Patricia ni para José Manuel la vida
es fácil. Tampoco para los hijos, que deben aguantar las constantes
alteraciones del estado de ánimo de la mamá —por no decir gritos,
golpes, regaños e histerias— y las constantes y cada vez más prolon-
gadas ausencias del papá. Motivo suficiente y casi permanente de
eternas discusiones, en donde el "no seas tan dura con ellos" o el "no
entiendo por qué tengo que ser siempre la mala y tú el bueno que les
concede todo" es el pan de cada día.

Si pudiéramos resumir en pocas palabras el sentimiento de cada
uno podríamos decir más o menos lo siguiente:

PATRICIA: "Siento que abusa de mí. No me apoya en nada y soy quien
tiene que estar pensando siempre en lo que les falta a los niños y la
manera de hacer que alcance mi sueldo. No cuento con él. Es como
si tuviera otro hijo. Creo que estaría mejor sola. No sólo no me ayuda, sino que además tengo que estar cuidando que no se sienta mal y
sacándole a fuerza las palabras. Nomás se siente mal y parece como
si no estuviera. Ni siquiera juega ni platica con los niños".

JOSE MANUEL: "Nunca le parece bien lo que yo hago. Siento que para
ella no valgo nada y lo único que hace es hacerme sentir mal. Está
muy a gusto con su trabajo y no se da cuenta lo que a mí me cuesta
andar consiguiendo lo que falta para pagar las deudas. Cada día está
de peor humor. Ha desatendido mucho a los niños y están malos por

su culpa. Desde que nacieron los niños ha dejado de atenderme y no sale de la casa de su mamá. Debería de estar más en su casa".

¿Te suena conocida esta historia? ¿Se parece a la de alguna pareja que conozcas? ¿Se parece a tu historia? Esta situación, muy frecuente en nuestros días, es la más propicia para que se presenten situaciones de infidelidad. Veamos lo que pasó con la pareja en cuestión.

Para no hacer larga la historia, te diré que José Manuel, en uno de los viajes que con frecuencia realizaba a Guanajuato para visitar a sus papás, conoció a una muchacha guapa y agradable que lo deslumbró porque lo veía a él guapo, inteligente y muy varonil. De ahí a empezar a tener relaciones hubo un corto tiempo.

José Manuel se sentía realmente bien con aquella chica **que lo veía de la misma manera como lo había visto su esposa hacía doce años.** Realmente nunca fue una relación seria. La buscaba cada cuatro o cinco meses, que era la frecuencia con que visitaba a sus padres y los encuentros nunca fueron prolongados. Lo suficiente únicamente para "cargar pilas de autoestima" y continuar con el ajetreo diario de aquella rutina que padecía cada vez más con su mujer. Realmente quería a su familia, pero Patricia hacía mucho que había dejado de verlo con gusto y admiración.

A él le ocurría lo mismo con Patricia. La chica de Guanajuato **le recordaba a su esposa de antaño, cuando eran novios,** y le daba tristeza constatar que ya no sentía por ella lo mismo de antes. Patricia por su parte, más prudente y temerosa por la suerte de sus hijos, no dejaba ir más allá los coqueteos y miradas de interés con los compañeros del hospital donde trabajaba, donde había más de alguno que estaba dispuesto a todo para conquistarla. Con sus amigas llegó a confesar que, si por ella fuera, tendría una aventura "con alguno de aquellos guapos residentes".

Después de un tiempo de mutuas recriminaciones, en donde salieron a relucir las aventuras de José Manuel y se reconocieron las fantasías de Patricia por tener las suyas propias, tomaron la decisión de separarse. Ella se quedó con su trabajo y sus hijos. Él se fue a Guanajuato a casa de sus papás. No es difícil imaginar que ambos buscaran, por su lado, recobrar en otras personas lo que no fueron capaces de mantener con su pareja.

José Manuel y Patricia representan a muchas parejas que sin darse cuenta han permitido que alguien de fuera se meta en su relación, como una manera de volver a tener lo que una vez tuvieron. De lo único que se les puede culpar es de no haber tenido el valor y la claridad suficiente de enfrentar juntos, con comunicación y comprensión, las dificultades que les puso la vida. No podemos culparlos de querer volver a ser felices.

Conozco historias que tienen un final feliz, en las que la pareja, una vez conocidas las causas de la infidelidad, se comprometen a modificar lo que ambos estaban haciendo para que su relación se deteriorara. En estos casos la infidelidad de uno de los cónyuges sirve para alertar el peligro en que se encuentra la relación y se tiene la capacidad de actuar a tiempo. La condición para que esto ocurra es reconocer que ambos son responsables de lo que acontece en la relación. Culpar a uno solo de los problemas que ocurren en la pareja es querer tapar el sol con un dedo.

EN SÍNTESIS

La presencia en nuestra relación de un intruso externo hay que verla siempre como un foco de alerta, como una llamada de atención de que algo no anda bien y de que es necesario poner manos a la obra para modificar ciertas situaciones. La responsabilidad no es solo "del otro", por muy mal que haya actuado o por "ingrato" que nos parezca. Cuando en una pareja se presentan problemas de este tipo, la responsabilidad siempre es de los dos.

Esta obra se imprimió en
Corporación de Servicios Gráficos Rojo, S. A. de C. V.
Progreso No. 10 Col. Centro
Ixtapaluca Edo. de México C. P. 56530